世界经济研究热点问题报告（2013）

刘文革　孙　瑾　著

经济科学出版社

图书在版编目（CIP）数据

世界经济研究热点问题报告.2013/刘文革，孙瑾著.
—北京：经济科学出版社，2013.12
ISBN 978 – 7 – 5141 – 4007 – 1

Ⅰ.①世…　Ⅱ.①刘…②孙…　Ⅲ.①世界经济 –
研究报告 – 2013　Ⅳ.①F113

中国版本图书馆 CIP 数据核字（2013）第 272804 号

责任编辑：王柳松
责任校对：王肖楠
版式设计：齐　杰
责任印制：邱　天

世界经济研究热点问题报告（2013）

刘文革　孙　瑾　著
经济科学出版社出版、发行　新华书店经销
社址：北京市海淀区阜成路甲 28 号　邮编：100142
总编部电话：010 – 88191217　发行部电话：010 – 88191522
网址：www. esp. com. cn
电子邮件：esp@ esp. com. cn
天猫网店：经济科学出版社旗舰店
网址：http：// jjkxcbs. tmall. com
北京万友印刷有限公司印装
880 × 1230　32 开　7.5 印张　220000 字
2013 年 12 月第 1 版　2013 年 12 月第 1 次印刷
ISBN 978 – 7 – 5141 – 4007 – 1　定价：29.00 元

前　　言

　　世界经济属于理论经济学，相关研究理论比较成熟，且世界经济领域涵盖面较广，研究范围较宽，涉及的理论和现实问题较多。世界经济学科在 21 世纪呈现出新的发展方向、新的发展内容和新的发展使命，在全球化日益深入的今天，从世界的角度看待经济问题、用全球的眼光分析经济发展，是正确的途径和必然的选择。世界经济领域新问题层出不穷，机遇与挑战并存，就此国内外学者做了大量的学术研究工作，世界经济理论研究取得了举世瞩目的成就。

　　目前，在美国金融危机和欧洲债务危机的背景下，世界经济增长低迷，欧美国家仍处在发达资本主义经济周期的低谷，"金砖国家"高速发展但问题仍较多，亚洲国家背负增长的重担，同时在全球经济失衡的背景下在贸易、金融、货币、区域合作等领域出现新的态势，需要加强国际经济政策的协调。与此同时，中国的资源和环境遇到"瓶颈"，在全球倡导低碳"绿色经济"的时代，未来的发展道路任重道远。世界经济领域出现许多新的热点问题，世界经济理论的发展已经取得了举世瞩目的成就。随着经济全球化的深入，世界经济研究越来越重要和丰富多彩。

虽然，中文文献关于世界经济理论的研究与外文文献相比起步较晚，但是随着中国社会、经济的持续发展，世界经济理论兼收并蓄，基于中国经济现实和国际问题的每一领域都在发生巨大的变革，世界经济理论也在不断进行创新并取得多方面的发展。

本书分为美国经济、欧洲经济、亚洲经济、"金砖国家"经济、全球经济失衡、中国贸易失衡与参与国际经济协调、绿色经济发展共七个方面，旨在于在既定理论结构的基础上对世界经济理论研究成果进行系统地梳理和内容划分，按照国别和热点问题分类进行文献述评和比较分析研究，以反映国内外对于世界经济理论研究的重心，为世界经济理论未来可能的研究趋势和方向提供有价值的建议。

作为一部反映国内外世界经济学科前沿的著作，难免有偏颇或疏漏之处。著作团队将携手前进、共同努力，为世界经济学科的发展做出更大的贡献。

刘文革 孙瑾

2013 年 9 月 26 日

目　　录

第一章　美国经济 ……………………………………………… 1

一、美国量化宽松货币政策 ……………………………… 1

二、美国财政悬崖与财政赤字 …………………………… 9

三、美国对外债务与美国国债 …………………………… 17

四、美国金融危机和经济周期 …………………………… 20

第二章　欧洲经济 ……………………………………………… 27

一、欧美新型贸易壁垒 …………………………………… 27

二、欧元区不同国家经济政策治理调整方案 …………… 32

三、欧洲债务危机及其影响 ……………………………… 40

四、欧洲经济周期与协动性 ……………………………… 47

五、欧元区货币理论与实证分析 ………………………… 48

第三章　亚洲经济 ……………………………………………… 53

一、亚洲经济概况 ………………………………………… 53

二、亚洲经济结构问题 …………………………………… 61

三、区域经济一体化与亚洲区域经济合作 ……………… 69

第四章 "金砖国家" ……………………………………… 72

一、"金砖国家" 经济问题分析 …………………………… 72

二、"金砖国家" 就业问题分析 …………………………… 84

三、"金砖国家" 贸易问题分析 …………………………… 94

四、"金砖国家" 产业问题分析 …………………………… 105

五、"金砖国家" 金融问题分析 …………………………… 108

六、"金砖国家" 之间对比研究 …………………………… 116

七、"金砖国家" 未来发展研究 …………………………… 120

第五章 全球经济失衡 …………………………………… 124

一、全球经济失衡的含义和原因 ………………………… 124

二、美国金融危机后全球经济失衡的发展水平 ………… 132

三、全球经济失衡的影响因素 …………………………… 136

四、全球经济失衡的解决途径 …………………………… 140

五、全球经济再平衡 ……………………………………… 143

第六章 中国贸易失衡问题与参与国际经济协调 ……… 145

一、中国贸易失衡问题 …………………………………… 145

二、中国参与国际经济政策协调 ………………………… 154

第七章 绿色经济发展 …………………………………… 165

一、绿色 GDP 的测算方法 ……………………………… 165

二、发达国家的绿色经济 ………………………………… 169

三、中国不同省区市绿色经济 ……………………… 175

四、经济可持续发展问题 …………………………… 178

五、光伏产业和绿色新能源产业 …………………… 187

参考文献 ……………………………………………… 193

第一章　美　国　经　济

百年来，美国一直以霸主的身份傲居世界，但是近年，美国金融危机、经济衰退以人们想象不到的速度持续恶化。格林斯潘称华尔街危机百年一遇。金融危机蔓延全球成为当今最大的时代背景。曾经是世界经济龙头的美国，为何倏忽间情势变得如此糟糕？美国经济霸权的命运如何？美国实施的经济政策能否挽回美国经济霸权的历史命运？面对美国当前的经济态势，全球又该如何应对？对于这些问题，我们将在本章中详细探讨。

一、　美国量化宽松货币政策

金融危机爆发后，美国开始实施量化宽松货币政策，这在一定程度上有利于抑制本国通货紧缩预期的恶化，缓解经济压力，但对降低市场利率及促进信贷市场恢复的作用并不明显。与此同时，在世界经济一体化程度较高的今天，美联储采取的一系列宽松货币政策都不可避免地会对其他国家和地区造成冲击，给后期全球经济发展带来一定风险。在此，将对美国已实施的四轮量化宽松政策的具体措施及其影响进行详细分析，并对政策的实施进行反思。

（一）美国量化宽松货币政策的实施及其影响分析

自 2008 年全球金融危机大规模爆发后，美国先后共实施四轮量化宽松货币政策，其中 QE3、QE4 仍在实施当中。根据官方表述，人们通常以美联储首次大规模购买"住房抵押贷款证券"（Mortgage-backed Securitization）的时间（即 2009 年 1 月 1 日）作为执行第一轮量化宽松货币政策的起始时间。

范建军（2012）[①]详细介绍了前三轮量化宽松货币政策并引入了三元悖论原则，李俊江（2012）[②]以独特视角审视了全新的第四轮量化宽松货币政策。结合两位作者的研究可以从中得出美国量化宽松货币政策的具体实施：

1. 美国已实施的四轮货币宽松政策

（1）第一轮量化宽松货币政策（QE1）

于 2009 年 1 月 1 日正式实施，初期计划美联储购买 1000 亿美元受政府资助的住房抵押贷款公司（房利美、房地美和由美联邦家庭贷款银行）的直接债务以及 5000 亿美元由房利美、房地美和政府国民抵押协会（Ginnie Mae）担保发行的 MBS，2009 年 3 月又将购买计划调高为总计购买 2000 亿美元的住房抵押贷款公司债务、1.25 万亿元的 MBS 和 3000 亿美元的长期国债，三者合计 1.75 万亿美元。QE1 于 2010 年 3 月 31 日结束，历时 15 个月，美联储平均每月的资产购买量达到 1167 亿美元。

（2）第二轮量化宽松的货币政策（QE2）

2010 年 11 月 3 日，美国联邦储备委员会公开市场委员会

---

① 范建军：《美国 QE3 及其对全球经济的影响》，《学术研究》，2012。
② 李俊江：《美国 QE4 或引发全球货币战争》，《财经观察》，2012。

（FOMC）宣布，将再次实施6000亿美元的"量化宽松"计划，美联储增发货币购买美国财政部发行的长期债券，每个月购买额为750亿美元，直到2011年第二季度。这就是QE2，即所谓美联储的第二次量化宽松政策。QE2的目的是通过大量购买美国国债，压低长期利率，借此提振美国经济，特别是避免通货紧缩，并降低高达9.6%的失业率。

（3）第三轮量化宽松的货币政策（QE3）

美国联邦公开市场委员会（以下简称FOMC）于2012年9月13日宣布启动，除重申年底前继续按既定进度将所持3年期以下短期国债置换为等额6～30年期长期国债，继续将持有的到期机构债务和到期机构MBS的本金再投资于MBS的政策外，FOMC还决定自2012年9月起，每月新增400亿美元的MBS购买量，这就是QE3。上述政策措施将使FOMC在2012年年底前的几个月内每月新增850亿美元左右的长期证券持有量。与FOMC 2013年6月所推出的国债期限置换计划以及到期MBS的本金再投资计划不同的是，FOMC并没有对每月新增400亿美元MBS购买计划规定截止时间。

（4）第四轮量化宽松的货币政策（QE4）

美联储联邦公开市场委员会于2012年12月13日凌晨正式推出，每月采购450亿美元国债，替代扭曲操作，加上QE3每月400亿美元的宽松额度，联储每月资产采购额达到850亿美元。除了量化宽松的猛药之外，美联储保持了零利率的政策，把利率保持在0～0.25%的极低水平。美联储推出QE4意味着将继续加大印钞量，全球经济面临被美元吞没的风险。如今全球贸易萎靡，新兴市场为保护市场份额，而发达国家为保持贸易优势，各国汇率可能会采取"自杀式"的竞争性贬值，美联储相当于打响了全球货币战争的第一枪。

2. 美国量化宽松政策的影响

克里希纳莫西和乔根森（Krishnamurthy & Jorgensen，2012）[1]指出，量化宽松极有可能带来恶性通货膨胀的后果。中央银行向经济注入大量流动性，不会导致货币供应量大幅度增加。但是，一旦经济出现恢复，货币乘数可能很快上升，已经向经济体系注入的流动性在货币乘数的作用下将直线飙升，流动性过剩在短期内就将构成大问题。

贝马鲁多夫、德多拉卢卡和斯迈兹弗兰克（Bemarudolfs，Dedolaluca & Smetsfrrnk，2012）[2]使用 VAR 模型检验美国货币政策冲击的影响。总结可得，量化宽松政策影响的三种情况：

第一种情况，如果量化宽松政策能成功生效，增加信贷供应，避免通货紧缩，经济恢复健康增长，那么一般而言股票将跑赢债券。

第二种情况，假如量化宽松政策施行过当，导致货币供应过多，通货膨胀重现，那么黄金、商品及房地产等实质资产可能将表现较佳。

第三种情况，如果量化宽松政策未能产生效果，经济陷入通缩，那么传统式的政府债券以及其他固定收益类工具将比较有吸引力。

张礼卿（2012）[3]指出，美国量化宽松货币政策的两种可能性后果。一种后果是，美国量化宽松货币政策引起的货币增加主要在美国国内被消化吸收。如果是这样，那么美国可能重现 2002～2007

---

① Arvind Krishnamurthy and Annette Vissing - Jorgensen, the effects of quantitative easing on interest rates: channels and implications for policy, national bureau of economic research, October 2012.

② Bemarudolfs, Dedolaluca and Smetsfrrnk, US imbalances: the role of technology and policy, European Bank Working Paper, 2012.

③ 张礼卿:《量化宽松 II 冲击和中国的政策选择》,《国际经济评论》, 2012 (1).

年的资产泡沫"生成和破裂"周期。另一种后果是，美国量化宽松货币政策引起的货币增加部分流向了其他国家。在这种情况下，由于长期国债收益率或长期利率下降，美国的投资者大量增加对海外的投资，特别是大规模投向新兴市场经济体，其结果是催生这些国家（地区）的通胀和资产泡沫。他认为，第二种可能性较大。

现存文献大多将此归因于美国宽松的货币政策，但是许欣欣、李天德（2012）[①] 经过研究认为，其实并不完全如此，作者认为虽然美国次贷危机以来的宽松货币政策确实提高了 2008 年以来的通货膨胀率，却不能解释新兴市场和发展中经济体的通货膨胀普遍高于发达经济体的事实。因此，美国宽松的货币政策只是扩大了原有的通货膨胀，而高通胀的根本原因仍然在于各国国内的高货币供给。

（二）美国量化宽松货币政策对中国的影响

美国史无前例的量化宽松政策的推出，对中国货币政策最直接的影响是，中国被动跟随美国进行调整。美国量化宽松货币政策对中国出口额、货币供应量和物价有长期正效应，对产出则有短期的正效应，且贸易渠道是该政策传导的重要途径。中国应采取有效措施应对美国量化宽松货币政策的冲击，维持宏观经济的稳定。

1. 对中国通货膨胀影响

陈磊和侯鹏（2012）[②] 通过构建面板 VAR 模型，发现美国量化宽松货币政策导致国际资本流入新兴经济体，从而使这些国家

[①] 许欣欣、李天德：《美国现行宽松货币政策对世界物价的影响——基于不同经济体通货膨胀表现的分析》，《亚太经济》，2012（2）。

[②] 陈磊、侯鹏：《量化宽松、流动性溢出与新兴市场通货膨胀》，《财经科学》，2012（10）。

（地区）面临通胀压力。叶菲（2012）[1]分析了美国量化宽松货币政策对中国经济的传导机制，发现通过贸易的传导，该政策使中国的货币供应量增加，面临升值压力。

就中国通货膨胀的成因，王树同、刘明学和栾雪剑（2009）[2]认为，中国的通货膨胀来自于国内外两个方面的原因。具体来说，就是国内需求拉动型通货膨胀加上输入型通货膨胀一起推动了商品价格的上升，而国内信贷扩张和国外热钱流入则导致了资产价格上涨。无论中国跟随还是不跟随美国的货币政策，都会出现流动性充裕的情形，这将推动资产价格泡沫的出现。从中长期来看，中国储蓄大于投资、贸易顺差居高不下且处在人口红利期，从短期来看，在热钱流入带动中国出口增加的推动下，全球资金流向中国，中国外汇储备正重新加速上升，人民币升值压力增大，流动性过剩可能再次上演，推高物价水平。

2. 对中国金融体系安全性影响

孙梦鸿（2012）[3]参考了美国量化宽松货币政策的历史，分析了量化宽松货币政策与全球性泛滥的内在联系，指出了量化宽松货币政策对中国金融体系的不利影响，归纳起来，美国量化宽松货币政策对中国金融体系的不利影响主要表现在以下3个方面：搅动全球外汇市场，导致中国外汇储备贬值；刺激国际"热钱"涌入，加剧中国资产"泡沫化"问题；引发输入性通货膨胀，降低中国货币政策有效性。并且，作者有针对性地提出保障中国金融体系安全的措施和建议：加快国内金融体制改革，消除系统性风险；扩大人民

① 叶菲：《美国量化宽松货币政策对中国经济的传导机制研究》，《中国城市经济》，2012（8）。
② 王树同、刘明学和栾雪剑：《美联储'量化宽松'货币政策的原因、影响与启示》，《国际金融研究》，2009（11）。
③ 孙梦鸿：《美国量化宽松货币政策与我国金融体系安全问题》，《环渤海经济瞭望》，2012（11）。

币双向浮动空间，加快人民币国际化进程；调整对外贸易结构，掌握对外贸易主动权；改进外汇储备管理，提高外汇储备投资效益。

3. 对中国社会福利影响

李菲菲、李欣欣（2012）[①] 在福利模型假设的基础上，分析美国实行量化宽松的货币政策对于中美两国社会福利的影响，特别是对中国社会福利的影响。从福利模型直观上看，国外的货币扩张会增加本国的福利，因为在实际工资高于消费与闲暇的边际替代率的条件下，贸易条件的改善使本国居民在既定的劳动供给条件下，有更多的钱进行消费，从而增加了本国居民的福利水平。通过对导出的福利函数的定性分析，得出美国量化宽松货币政策的提出并不一定给美国人民带来福利上的改进和提高，在提高社会福利方面缺乏动力；相反，这种政策实际上是中国居民社会福利提高的一种契机。

（三） 美国量化宽松政策的反思

1. 国际金融秩序的思考

刘霞（2012）[②] 研究表明：从国际法律秩序的本质意义而言，国际金融秩序存在的主要问题是，发达国家占据国际金融市场的规则制定权和主导权，发展中国家身处劣势而力争金融发展权，由此延伸出的问题有国际货币体系呈现无序状态，国际金融资本分配机制不公，国际金融监管作用难以发挥等。现行国际体系需针对这些问题提出相应的法律解决方案，做到标准统一、有法可依，保障政

---

① 李菲菲、李欣欣：《美量化宽松货币政策对我国社会福利的影响分析》，《学术研究》，2012（5）。

② 刘霞：《美国量化宽松货币政策及其法律思考》，《财经视点》，2012（3）。

策的顺利实施。

2. 国际协作的思考

美国的政策牵动着全球经济，这也要求在世界范围内进行密切协作。

J. B. 德隆和 L. H. 萨默斯（J. B. Delong & L. H. Summers，2012）[1] 指出，美国和世界各国的量化宽松货币政策，导致全世界的流动性泛滥，不仅使得黄金石油等价格暴涨，还会使得粮食、原材料等大宗商品价格上涨，这直接引发全球通货膨胀。从美国实施第一轮量化宽松的货币政策以来，全世界大宗商品和黄金、石油、铁矿石等产品价格大幅度地上涨。另外，主要国家的宽松货币政策使得全世界流动性泛滥，这无疑加重了全球的通货膨胀。

唐德江（2012）[2] 借用"囚徒困境"模型，研究表明在金融危机面前，由于双方信息不对称以及双方不能团结一致，各国从自己的利益出发导致集体最差的结果，即美国为了自己利益实行宽松的货币政策将引发全世界主要国家货币竞争性贬值，这无异于"囚徒困境"。在此基础上，量化宽松货币政策将会遭到他国的报复，成为一场货币政策博弈。唯一的解决办法只能是进行国际合作，协商一致，让市场汇率由市场来决定，防止各国出现竞争性货币贬值，防止出现全球流动性过剩和全球通货膨胀，才能从根本上解决各国竞争性货币贬值对全世界的不利局面，走出宽松货币政策导致的"囚徒困境"。

3. 政策退出的思考

随着美国经济复苏迹象初显，通货膨胀预期抬头，美国量化宽

---

① J. B. Delong and L. H. Summers, Fiscal Policy in a Depressed Economy, NBER Working Paper, 2012 (3).

② 唐德江：《美国量化宽松货币政策下的囚徒困境》，《财经视点》，2012 (1)。

松货币政策面临着退出的选择，与此同时，为何退出、何时退出以及怎样退出等问题引起了广泛的关注。

艾瑞克·S.罗森格伦（Eric S. Rosengren, 2012）[1] 提前预期了美国量化宽松货币政策的退出。政策退出时机的选择至关重要，美国经济的发展离不开内需和外需的支撑，只有在国际经济环境持续改善，内外部需求不断增强，经济数据连续两三个季度转好的情况下，美国量化宽松货币政策退出的具体方案才能得以执行。量化宽松货币政策的退出是一个循序渐进的过程，可以分为如下几个步骤：第一步是短期流动性的自动收紧；第二步是货币政策的局部微调；第三步是货币政策的明显转向；第四步是联邦基金利率和贴现率的提高。在退出过程中，美联储会受到外部和内部的双重约束：一方面，高额的财政赤字和不断攀升的失业率给美国经济的复苏蒙上了一丝阴影，也给量化宽松货币政策的退出设置了层层障碍；另一方面，量化宽松货币政策退出的效果会受到美联储自身货币政策工具的制约。

二、 美国财政悬崖与财政赤字

（一）财政悬崖的由来与原因

所谓"财政悬崖"，由美联储主席沙格姆·伯南克（Shalom Bernanke）丁2012年2月7日在国会听证会上首次提出，是指美国将在2013年1月1日同时出现税收增加与开支减少局面，使政府财政状况面临崩溃，与美国财政赤字紧密相连的就是债务问题。其

---

[1] Eric S. Rosengren, The Economic Outlook and Its Policy Implications, Federal Reserve Bank of Boston Paper, 2012 (5).

威力将达到 8000 亿美元的规模，财政悬崖的出现必将导致美国的经济活动陷入极度萎缩。美国在 2013 年 1 月 1 日通过解决"财政悬崖"的妥协议案。

姜华东、乔晓楠（2012）[①] 在美国财政政策整顿的前提下，通过相关数据对财政悬崖的形成和演进路径进行了分析，分析表明财政悬崖问题可能会将美国经济带入弱复苏的境况。

（二）财政赤字与财政悬崖对美国经济和世界经济的影响

第一，赤字凸显了财政平衡和医疗改革的必要性。在原有政策框架下，虽然赤字率将在 2013 年降至 3.2%，但在 2013～2019 年赤字率将始终保持在 3.1%～3.4%，远高于过去 40 年的平均水平的 2.4%，预计到 2050 年，公共债务将达 GDP 的 300%，赤字率将达 20%。医改是恢复长期财政平衡的重要手段。2020 年和 2030 年，医改可以使实际 GDP 分别增加 2% 和 8%；2030 年和 2040 年，医改可减少的联邦财政赤字分别占当年 GDP 的 3% 和 6%。[②]

第二，赤字影响美国产业振兴战略实施。产业振兴一方面需要政府提供政策支持，另一方面需要私人部门加大投资。但是，当前巨额赤字既削弱了新兴产业优惠政策的力度，又产生了巨大的挤出效应，在储蓄率原本就较低的情况下使投资更加高度依赖外来资金，同时又动摇了外国投资者的信心及产业振兴的私人投资基础，加大了资本外流风险。

第三，赤字对全球金融市场稳定的影响值得关注。危机后，金融机构为了避险而大量囤积主权债券，主权债券信用等级变化会导

---

① 姜华东、乔晓楠：《美国'财政悬崖'的形成机制与经济弱复苏》，《亚太经济》，2013（1）。

② Congressional Budget Office. The Budget and Economic Outlook：Fiscal Years 2012 to 2022. CBO Research Paper, 2012.

致资产价值波动，可能成为未来银行业的危机根源。此外，由主权债券信用变化产生的巨大套利空间和投机空间将严重冲击国际资本流动和汇率体系。著名信用评级机构穆迪公司已警告，美英两国如不能遏制赤字，可能将调低其信用评级。如果美国财政赤字长期得不到改善，可能造成市场主权债务风险全面重新评估，给全球金融市场带来新的不确定因素。

塞巴斯蒂安·爱德华（Sebastian Edwards，2012）① 继续修订其对跌落财政悬崖将造成的影响的评估，他们在 8 月末的报告预测中指出，如果所有的改变都生效，它会导致 2013 年的经济状况很可能会被认为是衰退。许多经济学家都认为，面对这样的预算紧缩是对衰退的严重警告。国会预算办公室估计，迅速减少赤字将减少2013 年的经济增长。此外，在财政悬崖的大背景下，他们预计失业率将在 2013 年第四季度之前达到 9.1%。有人认为，努力转变财政悬崖要比扩展当前的政策和增加长期赤字好得多。然而尽管能减少赤字，但是在 2013 年对经济增长的负面影响预计将增长 47 亿美元的赤字，这并不一定意味着如果避免了财政悬崖经济就会有很大的改善。如果国会能避免加税并且削减开支，国会预算办公室估计，在 2013 年国内生产总值将仅增长约 1.7%，并且失业率在第四季度前会略微下降至 8% 左右。

1. "财政悬崖"对美国经济的影响

周景彤（2012）② 分析，"财政悬崖"的到来，最主要的特征是减税政策的结束、大规模开支削减计划开启，换言之即是"财政悬崖"将导致美国财政赤字大幅度减少。据估计，2013 财年美国联邦政府受此影响，财政赤字将减少到 6070 亿美元，相当于美国

---

① Sebastian Edwards, Understanding the Fiscal Cliff and its Implications, 2012, National Bureau of Economic Research.

② 周景彤：《美国或将陷入财政悬崖挑战》，《中国金融》，2012（15）。

GDP 的 4%。对这一影响有以下两种不同看法。

以 J. B. 德龙（J. B. Delong, 2012）[1] 为代表的第一种看法认为，如果小布什政府时期的减税政策 2012 年年底如期结束，同时大规模开支削减按计划于 2013 年启动，2013 年美国经济或将重陷衰退，进而影响世界经济复苏进程。由于减税政策到期加上开支削减计划，将使 2013 财年美国联邦政府财政赤字减少到 6070 亿美元，受此影响，2013 年上半年美国经济或将萎缩 1.3%，即出现衰退。"财政悬崖"的到来将使美国财政政策面临"两难困境"：一方面，如果继续延期现有减税政策，美国联邦政府的财政收入将远不及开支，财政状况不可持续，刺激经济的财政政策无法实施；另一方面，如果近期执行削减开支和增税政策，将会使本就脆弱的经济复苏受到严重拖累。更为严重的是，美国一旦跌落"财政悬崖"，国际评级公司可能会因为美国财政政策上的不确定性而再次下调美国主权信用评级。主权信用评级下调对美国乃至整个世界的消极影响不言而喻。同时，如果美国财政出现问题，市场就会将其看做是危害美国经济增长的主要威胁，企业信心将受到打击，市场投资和雇佣都会减少，风险资产价格也深受影响，进而造成金融动荡。

以马普尔（Marple, 2012）[2] 为代表的第二种看法较为乐观，认为税收减免的结束和政府支出的受限有助于降低美国政府的财政赤字压力。2013 财年，联邦政府财政赤字减少 6070 亿美元，但相比于赤字规模减缩而言，税收减免政策的终止和政府支出的减少对处于复苏阶段的美国经济的打击更加显著。然而，无论是从美国财政与货币政策运作的连续性来看，还是从其国内政治元素的牵制力分析，美国跌入"财政悬崖"进而导致经济出现衰退的可能性并不大。

---

[1] J. B. Delong, Fiscal Policy in a Depressed Economy. NBER Working Paper, 2012 (3).

[2] James Marple, Searching for a Detour around the Fiscal Cliff. TD Economics Special Report, 2012.

这种观点的论据在于，一方面，从美国国内政治元素的牵制力分析，税收减免政策会自动到期终止，但出于政治经济稳定性的考量，这种税收减免的妥协在应对"财政悬崖"带来的经济衰退局面时是很具有操作性的，也是很有效的缓解措施。另一方面，从美国此前的消费经验看，之前的税收减免政策并没有有效地提高居民开支，而是导致居民更愿意选择将一部分税收减免所得进行储蓄。因此，税率上升会导致人们减少开支，但不会减少太多，消费支出的乘数效应不会发挥太大作用。因此，即便美国向"财政悬崖"逼近，预计对美国经济带来的波动并不会像第一种看法所预测的那么明显。

以上两种看法代表了两种截然不同的预测美国"财政悬崖"走势及影响的观点。第一种观点虽然消极，但更加深刻；第二种观点较为乐观，更具操作性，也更符合美国政治经济博弈的政策要求。因此，结合美国财政与货币政策运作的连续性、美国国内政治元素的牵制力以及美国的消费经验来看，文章作者更倾向于第二种观点，即美国"财政悬崖"到来的可能性较大，但税收减免和政府支出受限对美国经济的影响有限。作者根据学者们对财政悬崖走势的两种看法进行了对比分析，较少引用数据，而是用数字举例更直观地说明观点。

2. "财政悬崖"对中国的影响

李俊生（2012）[①]认为，如果"财政悬崖"确实发生，其对中国产生的影响和冲击主要有以下三个方面：

第一，由于美国政府财政吃紧，经济发展面临困境，可能导致政府信用评级下调。中国政府作为海外持有美国国债最多的国家，势必会造成中国的美元外汇储备风险敞口增大，持有的美国国债存在贬值甚至流失的危险。此外，由于美国经济的波动，国际流动性

---

① 李俊生：《美国财政悬崖根源、措施及影响》，《中国市场》，2013（3）。

避险意愿增强，避险资金的流入将助长中国的通货膨胀水平，加大政府调控物价的任务。

第二，据学者范建军（2012）[①] 分析，在美国前两轮量化宽松的货币政策余波之后，美国很有可能实施第三轮量化宽松政策（QE3），这会使得美元贬值。相应地，会对中国资本市场带来冲击和动荡，美元贬值增大了外商的投资成本，在一定程度上降低了中国外商直接投资的规模和速度。同时，美元贬值使得中国出口减少，将会削弱中国外贸出口增长速度，加大国内就业压力。

第三，从积极方面来看，美国量化宽松的货币政策在促使美元贬值的同时，抬高了人民币的兑换价值。而人民币的升值，一方面会使国内企业以同幅度下降的价格进口商品，在一定程度上降低企业进口商品的成本及费用；另一方面，也会使得出口商品的价格相对上升，出口同等数量的商品可以换回更多的进口商品，出口商品的利润大大增加，从而在一定程度上改善中国的贸易条件。笔者从信用评级、量化宽松政策、贸易积极面来分析美国财政悬崖对中国的影响，其分析结合了中美经济利益的关系，从货币联系到贸易，对其内在关联进行了定性分析。

刘世欣（2012）[②] 认为，如果美国坠入财政悬崖，中国将很难独善其身，必然会受到一定冲击。中国主要受到美国财政悬崖如下方面的影响：

第一，美国财政悬崖中，相比削减开支，税收增加是主要原因，尤其是对高收入人群征税，美国的金融产品可能因此在财政悬崖到来之际遭到抛售，引发中国股市动荡，毕竟12月4日上证综指下探1949点，市场近两周小幅反弹，但中国股民依然惊魂未定。若没有重大利好或是政策配合，国内资本市场在惊闻财政悬崖问题时可能如惊弓之鸟，加上国内金融风险控制能力不强，影子银行风

---

① 范建军：《美国 QE3 及其对全球经济的影响》，《中国发展观察》，2012（10）。
② 刘世欣：《美国财政悬崖及对我国的影响》，《银行家》，2013（1）。

险逐渐显现，财政悬崖可能带来的金融传染难免会引发市场恐慌。

第二，美国财政悬崖可能导致政府信用评级进一步下降。此分析源自学者周文（2011）[1]，标准普尔百年来第一次下调美国长期主权信用评级，2012 年 12 月，穆迪表示若财政悬崖不化解，也将下调美国 3A 评级，并维持对美国经济前景展望为负面。中国持有世界上最多的外汇储备，且是海外持有美国国债最多的国家，国际评级机构下调美国政府信用评级可能造成中国持有的美国国债贬值，中国的外汇储备风险敞口增大。

第三，美国为提振国内经济，实施扩张的货币政策，已经推出多轮量化宽松，最近一次是 2012 年 12 月 12 日推出的 QE4[2]（第四轮量化宽松），美元进一步贬值，美元贬值不仅造成上文提到的中国外汇储备价值流失，而且人民币价值的相对提高将进一步压制中国出口，加上伴随危机而来的贸易保护主义，中国净出口将进一步受到影响。此外，这还会加大中国接受外商直接投资的难度，从而抑制中国经济增长，提高国内失业率。

第四，美国即便能够短期暂避财政悬崖，也仅是延缓，试图延长紧缩财政政策、避免财政悬崖，只能将财政悬崖变为财政陡坡，本质是将短期经济冲击分摊到未来更长的时间段内，从而对中国出口带来的压力从短期转为长期，随着财政悬崖负面影响在更长时间内被逐渐释放，也使得中国经济转型和扩大内需显得更加紧迫。财政悬崖看似是美国紧急而棘手的问题，但却是美国长期在国际货币体系中霸权地位的反映，美国面临经济困境时，必将通过弱势美元征收通胀税，向外分摊财政悬崖风险、债务负担和增长压力的潜在激励显著加大。面对美国的这种潜在倾向，中国需要稳步推进人民币国际化，加快外汇储备多元化管理，保持对输入型通胀压力的监

---

[1] 周文：《美国国债评级为何需下调》，《战略观察》，2011（9）。

[2] 刘波、张明睿：《美国第四轮量化宽松货币政策的影响及我国应对策略》，《区域金融研究》，2013（2）。

控，方能未雨绸缪。

本文作者为证券公司研究人员，他利用其专业背景将中美股市联系起来，同时还从信用、贸易和美元问题方面进行分析，主要是结合政策进行定性分析，并收集了一些有关赤字、债务、GDP、失业率的数据立标分析。

（三）财政悬崖的未来走势

刘煜辉（2012）[①] 认为，美国国内政治元素决定了美国不会坐由"财政悬崖"发生，虽不一定达成长期协议，但仍可达成一个暂时性协议，将财政问题出现的时间向后推迟一段时间。除政府采取拖延战术外，美联储正在转变为国家的财政代理机构，美联储"扭转操作"的推出暂时取代颇受关注的第三次量化宽松政策（QE3），但第三次量化宽松恐怕也将不可避免。由于美国经济复苏的步伐目前依然非常缓慢，而且欧债危机的再度肆虐和新兴经济体经济表现的褪色，出口拉动美国经济的力量日渐衰弱。在这种情况下，美国经济显然无法承受自身财政政策收缩的重创。需要用支出增减政策和支出转换政策解决内外均衡的冲突。因此，财政政策需要搭配着适当的货币政策才能解决内外失衡的问题。美国一旦出现"财政悬崖"的苗头，美联储或许会迅速采取量化宽松政策（QE3）来平复经济波动。

勒金（Lucking，2012）[②] 认为，尽管通过降低税收和增加转移支付为虚弱的经济做出贡献，根据最近的 IMF 估计，周期性成分的赤字仅是国内生产总值的 2%。这是符合美国国会预算办公室的预测结果的，如果没有显著的改革，财政赤字从现在起到 10 年内仍

① 刘煜辉：《美国财政悬崖的推演》，《中国金融》，2012（24）。
② Brian Lucking. U. S. Fiscal Policy：Headwind or Trilwind？ FRBSF Economic Letter，2012（7）.

将超过5%的国内生产总值，尽管经济运行满负荷运行，也会有5.5%左右的失业率。庞大的财政赤字也不是因为我们的国家债务的利息增加，因为利率的下降，政府的净利息账单在2007年占GDP的比重比今日低。国防占GDP的比重已经比2007年少了不到1%（从3.6%~4.4%），并且预计未来10年内要比我们的赤字为国内生产总值的1.5%时更低，这对我们的国防预算是一个危险的方向，对我们的盟国和潜在的敌人是一个不好的信号。

克莱因（Cline，2012）[①] 一大笔债务的第三个不利影响是，它会导致企业投资减少从而引发生产力和经济增长的下降。这通常因为一大笔债务提高利率和投资成本而发生。然而，如果我们的赤字持续，这将在未来发生，企业投资在今天被这种对高税收和经济疲软的恐惧感大大抑制了。

三、 美国对外债务与美国国债

（一） 美国对外债务概况

李石凯、刘昊虹（2012）[②] 指出，美国对外债务的变化可以用"持续"、"快速"两个词汇来形容，2011年美国的对外债务余额已达到150476.56亿美元，比2011年其主权债务余额147642.22亿美元还多2834.34亿美元。说它"持续"，是因为2003~2011年美国的对外债务基本上呈现单边上升态势，只有在2009年美国受到国际金融危机冲击最严重、国际资本回流时，稍有下降。说它"快

---

① William R. Cline. Restoring Fiscal Equilibrium in the United States. Peterson Institute for International Economics Paper，2012（6）.

② 李石凯、刘昊虹：《美国超宽松货币政策的失灵》，《经济研究参考》，2012（71）。

速"，是因为在 2003～2011 年，美国对外债务增长了 1.17 倍，年均增速高达 10.14%，是同期 GDP 增速 2.03% 的 5 倍。以上数据也提及美国对外债务"持续"、"快速"的特点，我们尤其值得注意的是，2003～2011 年的 9 年间，美国经济经历了一个显著的繁荣—衰退周期，但对外债务的变化似乎与美国的经济周期没有太直接的关系，无论是经济景气还是经济衰退，美国的对外债务都在扩张。

李石凯等（2012）[①] 从美国国际投资头寸的规模与结构变迁角度指出，20 世纪 80 年代以来，美国的对外债权和对外债务相对快速增长，由于对外债务的增速快于对外债权的增速，形成了庞大的美国国际投资净债务头寸，美国已经由一个对外净债权国演变成一个对外净债务国，而且对外净债务还在急速膨胀。美国政府部门对外净债务是美国对外净债务头寸的主要构成部分，外国政府部门则持有大部分对美国的净债券，正是庞大的美国政府财政赤字造成了美国的对外净债务，也正是外国政府部门持有的外汇储备支撑了美国政府的财政赤字。

（二）美国对外负债的可持续性

李晓、周学智（2012）[②] 对近十几年来有关美国对外负债外部调整的文献进行了梳理和评述。根据对美国对外负债影响方式的不同，可以将其分为流量调整和存量调整，前者体现为国际贸易和资本流动对美国对外负债数额的影响，后者则以估值效应的影响为主，体现为美国对外负债价值的内在变动。从总体上看，尽管许多学者预期美国将经历美元急剧贬值等剧烈的调整过程，但这种状况并未出现，全球贸易和金融失衡依旧严重。相应地，在相关研究的

---

① 李石凯、刘昊虹：《美国对外债务问题的由来与未来》，《西南金融》，2012（9）。

② 李晓、周学智：《美国对外负债的可持续性：外部调整理论的扩展》，《世界经济》，2012（12）。

思路从流量调整向存量调整的扩展过程中，研究者对美国对外负债可持续性的判断由悲观转向相对乐观。本文的意义在于，随着金融自由化过程中国际金融市场的发展与深化，一国外部财富变动已经不再仅仅取决于传统的以国际贸易和资本流动为代表的流量渠道，存量调整的影响在日益显著，这也成为分析和判断美国对外负债可持续性的重要手段。

倪权生、潘英丽（2011）[①] 分析美国在对外净负债的情况下，其海外资产的收入仍超过其因对外债务支付的利息，这也就是不少学者所说的"超级特权"。通过对比美国与主要投资对象的资产负债头寸和收益率数据，我们发现亚洲出口大国和地区性金融中心为美国提供了资本"补贴"——既给美国提供大量廉价资本，又为美国在本地的投资提供高额回报。

（三）美国对外负债的影响

胡朝晖与李石凯（2013）[②] 分析对外债务显著扩张是当代美国经济外部失衡加剧的主要表现形式，但对外债务扩张的根本原因在于美国经济的内部失衡。对外债务的根本作用在于弥补美国政府部门财政缺口与私人部门储蓄—投资缺口。研究显示，在经济景气阶段，美国私人部门储蓄—投资缺口会扩大，工商企业会增加对外负债弥补储蓄—投资缺口；在经济衰退阶段，美国政府部门财政缺口会扩大，政府部门会增加对外负债弥补财政缺口。因此，无论美国经济景气还是衰退，其对外债务规模都在增加。考虑到美国经济对对外债务的强烈依赖性，我们有理由认为，未来美国的对外债务仍然会持续扩张。

---

① 倪权生、潘英丽：《谁在补贴美国？——美国对外资产负债规模及收益率差异分析》，《上海金融》，2011（4）。

② 胡朝晖、李石凯：《美国双缺口、对外债务与经济增长》，《世界经济研究》，2013（2）。

黄梅波、王珊珊（2012）[1] 分析，虽然美国债务危机还没有爆发，但目前的财政赤字和国债规模过大、财政收支结构的刚性特征均阻碍了其财政赤字状况的改善、美元的国际货币地位也非可以永久持续，这使美国国债的可持续性问题面临挑战。在解决方案上，短期内美国政府可以通过技术性违约或者债务货币化将政府债务延后或者隐性处理，但是其代价是巨大的。因此，美国应当从中长期根本上解决债务问题，中期需要建立严格的财政制度；长期上则需要协调好各个产业的发展，寻找新的经济增长点。

四、 美国金融危机和经济周期

（一） 金融周期

熊丹、涂竟（2012）[2] 认为：巴杰特（Bagehot）最早正式将金融因素引入经济周期模型，他指出，当银行家手中的可贷资金被借光，将会刺激真实经济扩张，拉动真实利率和商品价格上升。在繁荣阶段过后，整个经济结构就变得十分脆弱，这将导致经济扩张的结束。之后，费雪等提出的信贷周期理论奠定了金融经济周期理论的基础。费雪通过债务—通货紧缩理论指出，在信息不对称、存在金融市场缺陷的条件下，经济繁荣阶段的"过度负债"与经济萧条阶段的"债务清算"及"困境抛售"等外部冲击，是造成金融经济周期的重要原因，银行信贷是经济周期的重要传导渠道。

经济周期的测定与预测一般是以计量分析方法为主的一个领域，对于如何更精确地预测，研究者致力于寻找更好的测算方法以

---

① 黄梅波、王珊珊：《美国国债危机的根源及出路》，《亚太经济》，2012（1）。
② 熊丹、涂竟：《基于金融经济周期理论的金融危机成因研究》，《商业时代》，2012（25）。

及预测模型的构建。赫尔顿（Haldun，2012）通过经济周期转折点的频谱时间表，分析了美国经济周期的长度和持续时间的变化。他分析了两个时间表：一个是 NBER 测算的经济周期表；二是以宏观经济增长率为指标，用马尔可夫状态转化模型测算的时间表。他的分析结果是，这两种测算方法都有主次周期之分，前者测量的 10 年中包含两个 5 年周期，每个 5 年的周期中又包含 2 个小周期。后者测量的 10 年中，平均有 3 个 3.5 年的经济周期，每个周期内又有 1 个 1.5 年的小循环。除此之外，科曼和格特勒（Comin & Gertler，2006）① 用新的频谱波动测量经济周期。他们用包含循环项的高频波动反应周期，并且发现这种波动比常规方法的测量要更加不稳定，波动时间更长。吉安诺尼和莱希林（Giannone & Reichlin，2006）② 分析比较了两种方法对周期波动的估计效果。一种是基于 VAR 模型的脉冲响应系统，另一种是为了解释因素结构而提出的明确模型限制条件的结构脉冲响应模型。他们发现，在短期里 VAR 模型的估计结果更准确，而中长期样本下两种模型相差无几。

（二）美国经济波动

纵观美国历史上历次经济危机前的经济特征，可以发现所有危机的发生都不是偶然的，都具有明显的前兆。

自 1991 年 3 月开始到 2001 年 3 月，美国经济连续增长，更是经历了近 120 个月的增长，这是美国人引以为豪的成就，美国经济一片繁荣。因此，宣称经济周期过时的人越来越多。而且，最令美国人自豪的是，他们拥有美联储和格林斯潘这样的决策者，并相信有能力驯服经济周期。实际上，这是一种幻想。美国金融危机实

---

① Comin and Gertler. "Medium – Term Business Cycles", Economics, 2006.

② Giannone and Reichlin. "Business cycles in the euro area", European Central Area, 2006.

际上是被人为拉长而积聚了严重失衡的经济周期的一次硬性回归，其源于制造业的先期衰退。

1. 信息不对称

熊丹、涂竞（2012）[①] 基于金融经济周期理论，结合金融危机实例对金融危机的形成、发展和蔓延进行剖析，分析指出信息不对称，或由不完全市场和合同造成的不可证实的信息会产生市场摩擦。市场摩擦使得金融市场上普遍存在逆向选择和道德风险问题。金融市场上的市场摩擦一方面限制了最优风险分散，另一方面阻碍了资金的有效配置，即资金流向具有投资机会的投资者。这些投资机会可能是真实项目，也可能是由于金融资产定价错误造成的市场套利机会。信息不对称问题导致的市场摩擦阻碍了市场自我调整。当市场价格发生异常波动时，市场摩擦的长时间存在阻碍了价格修正。另外，由于信息不对称产生的市场摩擦会放大流动性冲击，经由"借款人资产负债表渠道"和"银行信贷渠道"两个最重要的放大传导机制在金融体系内迅速传导和扩散。通常在危机以前信贷条件宽松、流动性充裕，筹措资金容易。危机出现时，流动性紧缩情况继续恶化，以至于威胁整个金融体系。

2. 忽视经济周期的存在

尹国俊、曾可昕（2009）[②] 论述了有关美国金融危机的相关内容，他们结合政策、市场和经济周期理论分析了在美国经济连续增长、美国经济一片繁荣的假象下其实隐藏着由于新经济论高估技术与制度创新的作用，从而忽略了正常的经济周期，认识不到美国制造业包括 IT 产业的周期性衰退。这是因为新经济论者认为，美国

---

① 熊丹、涂竞：《基于金融经济周期理论的金融危机成因研究》，《商业时代》，2012（25）。

② 尹国俊、曾可昕：《从经济周期看美国金融危机》，《杭州电子科技大学学报（社科版）》，2009（2）。

经济将长期保持较高的经济增长速度，而不会导致通货膨胀率的上升。提高劳动生产率是增加长期产出的唯一途径。

（三）美国经济复苏

2008～2011年年底，美国经济经历了第二次世界大战后最严重的大衰退和缓慢复苏。2008年，GDP下降0.3个百分点，2009年出现了第二次世界大战后60多年以来最严重的大衰退，当年GDP下降3.5个百分点；从2009年下半年美国经济开始缓慢复苏。王丽军和周世俭（2012）认为，这次美国经济开始复苏具有3大特点：1.政府驱动性复苏，经济内生动力不足；2.间歇性复苏，时好、时坏不稳定；3.无就业复苏。同时，他也提出来困扰美国经济的难题除了有居高不下的失业率以外，还有政府财政赤字的猛增以及房地产价格的持续下跌。

那么，美国经济的增长点在哪里呢？

马玉瑛（2012）[①] 指出，20世纪80年代，信息产业拉动了美国经济走向繁荣，带来了克林顿总统八年执政期的经济繁荣。当前，依靠什么行业能把美国从缓慢复苏拉向繁荣？奥巴马总统把发展新能源当作振兴美国制造业，乃至整个美国经济的抓手。奥巴马总统是从战略角度确定这一方针的，他试图通过抓新能源达到一箭三雕的目的：一是夺取世界科技创新的制高点，巩固美国的科技领导地位，创造新的经济增长极，同时解决就业问题；二是高举绿色革命和低碳经济的大旗，在应对全球气候变暖问题上打造美国的领袖地位；三是减少美国对石油进口的依赖，缓解未来石油枯竭和困扰美国国际收支平衡的老大难问题。

[①] 马玉瑛：《欧债危机和美国经济复苏对中国经济的影响》，《时代金融》，2012（14）。

王冠群、王福强（2012）① 在文章中回顾历次金融危机，可以看到，每一次危机都不是上一次危机的简单重复，都包含了更复杂的因素和更深刻的内容。

（1）当前爆发于美国的金融危机，无疑是高杠杆的金融衍生品市场恶果。（2）随着国际经济体系和金融秩序的调整，金融危机的生成原因和表现形式不断变换。传统的金融危机是货币银行危机，通货膨胀是金融稳定的大敌。当今时代的金融危机，则包含了利率、汇率、股市等复杂内容的相互交织和相互转换。（3）金融交易必须以坚实的信用基础为前提。在连续不断的金融交易过程中，信用基础一旦不复存在，金融危机将一触即发。（4）资产证券化作为金融创新的工具，其初衷是拓宽企业融资渠道，推动企业的资本化运作，促进实体经济发展。但是，过度的证券化必然会加大经济的虚拟化程度和运行风险。反观美国的金融危机，是我们引以为戒的一面镜子。（5）发达国家是现行国际经济秩序的主导者，进而也是经济一体化、金融自由化的长期受益者。以投资银行和资本运作为主要内容的虚拟经济，在导致新一轮国际失衡格局的同时，也播下了美元危机的种子。世界经济与金融秩序正在通过这次深重的危机来实现自我救赎。

（四）美国金融危机的启示

马玉瑛（2012）② 认为，面对危机，降息似乎已成为包括中国在内的世界各国应对经济衰退的主要撒手锏。但是，利率手段的有效使用与时间、空间、环境、背景以及人们的心理预期紧密相关。同样的手段在周期的不同阶段使用，往往会有完全不同的实施

---

① 王冠群、王福强：《当前经济发展的着力点》，《中国金融》，2012（8）。
② 马玉瑛：《欧债危机和美国经济复苏对中国经济的影响》，《时代金融》，2012（14）。

效应。

随着金融危机的全面爆发，以及现有宏观经济学研究无法对危机做出准确判断并提供有效的解决方案，更多的学者开始对过去几年的宏观经济学的发展进行反思。

第一方面的反思来自对宏观经济模型的改进方面，金融危机的爆发和持续使得经济学家们越来越认识到金融部门和金融市场摩擦对于宏观经济分析的重要作用，而宏观经济运行本身的复杂性，则让学者们意识到宏观经济学研究必须防止陷入对于模型内部逻辑的过度沉迷之中。第二方面的反思来自于对于全球经济一体化的宏观经济后果方面，金融全球化使得我们必须更加关注金融部门在国际经济传导中的作用以及金融资产的价值效应对于全球经济调整所起的作用，生产和贸易的全球化使得我们在研究各国经济周期的时候必须更多地考虑国际生产格局变化这一因素。第三方面的反思来自对国民核算体系改革的思考，这一次的危机使得人们发现现有的核算体系，并不能有效地反映现代经济运行中的风险因素。

何帆、郭泰（2012）[1] 从此次危机酝酿、发生、发展过程以及治理措施中，至少可以得到两点教训和启示：

①经济结构失衡和经济过度自由化、缺乏市场监管，必然引发金融甚至经济危机。要防范和化解危机，不仅必须注意经济结构的平衡，而且必须牢记市场不是万能的；保持经济结构的平衡、建立监管制度并实施有效监管是经济正常运行的基础和前提。

②虚拟经济增长仅仅是一种财富增加的幻觉，经济过度虚拟化是引发危机的直接原因。要辩证地看待虚拟经济，把其限制在适度范围内，充分发挥其积极作用，防范证券化、衍生产品的滥用或过度发展。对待虚拟经济应该一方面严格限制甚至杜绝复杂金融衍生品在中国的发展和运用，另一方面不因噎废食，要大力发展简单的

---

[1] 何帆、郭泰：《世界经济形势展望与中国对策》，《中国金融》，2012（2）。

金融衍生品，以促进中国资本市场全面、健康发展。

资本主义周期性危机的新形式。金融垄断资本主推的经济过度金融化与虚拟化，特别是金融衍生性产品的引进，使美国金融结构畸化和金融体系风险增大，并导致这场空前严重的金融危机的爆发。这场金融危机尽管是金融体系内在矛盾激化的直接产物，但其最深根源仍然是实体经济中不断扩张的生产能力与内生需求不足的矛盾。

第二章　欧洲经济

一、　欧美新型贸易壁垒

随着关税的逐步削减，以关税为主的传统贸易壁垒已经减少。关于新型贸易壁垒的定义和划分，目前虽然尚无统一的定义，但普遍的说法是指以技术壁垒为核心的，包括绿色壁垒和社会壁垒在内的，所有阻碍国际商品自由流动的新型非关税壁垒。传统贸易壁垒指的是关税壁垒和传统的非关税壁垒，如高关税、配额、许可证、反倾销和反补贴等。区别传统贸易壁垒与新型贸易壁垒的根本特征是：前者主要是从商品数量和价格上实行限制，更多地体现在商品和商业利益上，所采取的措施也大多是边境措施；而后者则往往着眼于商品数量和价格等商业利益以外的东西，更多地考虑商品对于人类健康、安全以及环境的影响，体现的是社会利益和环境利益，采取的措施不仅是边境措施，还涉及国内政策和法规，它具有双重性、隐蔽性、复杂性和争议性等特点。新型贸易壁垒是国际经济、社会、科技不断发展的产物。

（一） 贸易壁垒类型

1. 技术壁垒

知识产权保护作为技术壁垒的一项，主要涉及美国"337 条款"。关于"337 条款"的含义，全小莲（2012）[1] 对此做了详细的阐释。"337 条款"是美国《关税法案》第 337 节的简称，规定国内的知识产权人受到来自国外产品的所有人进口商和销售商侵权的情况下，可向美国国际贸易委员会（International Trade Committee，以下简称 ITC）申请进行行政调查。如果确实存在对美国知识产权的侵犯，则 ITC 可以采取禁止进口令等措施维护国内知识产权。这种调查和仲裁是一种对美国国内知识产权人的"行政救济"。冯永晟、张一（2012）就知识产权方面将美国和欧盟进行了对比。

技术性贸易壁垒对国际贸易产生了积极和消极的影响，但其弊大于利。

李志宏（2012）[2] 指出，技术性贸易壁垒在保护人类、动植物的生命健康以及保护生态环境方面具有积极的影响，但其烦琐、复杂的标准和程序则严重阻碍了国际贸易的自由化发展，致使发展中国家在国际贸易体系中处于不利的地位，加大发达国家与发展中国家的差距，不利于世界和平、稳定地发展。李小磊（2012）[3] 也发现，技术壁垒直接提高了企业出口的成本，增加出口风险甚至引发消费者对出口国产品的信任危机，使影响扩大化。

---

[1] 全小莲：《论美国 337 条款案对中国知识产权保护的借鉴意义》，《时代金融》（中旬刊），2012（4）。

[2] 李志宏：《当代国际贸易与技术性贸易壁垒体系》，《国际商贸》，2012。

[3] 李小磊：《欧盟技术贸易壁垒对广东玩具出口的影响及对策研究》，中共广东省委党校，2012。

2. 环境壁垒

据赵辰（2012）的分析，在社会方面：随着全球环境问题日益严重，以联合国为代表的国际社会在发展经济的同时越来越重视环境保护的问题。在经济方面：（1）贸易与环境的矛盾成为绿色壁垒的借口；（2）发达国家和发展中国家在经济发展上存在巨大差距，发达国家在全球关税及非关税贸易壁垒方面日益受限，贸易壁垒可抵销发展中国家的廉价劳动力优势。在政治方面：（1）国际环保组织的兴起；（2）GATT 与 WTO 的相关规定为绿色壁垒提供了合法性。

根据石健全、何娣（2012）[1] 结合当前欧债危机与碳关税征收的新进展，分析了欧债危机下发达国家征收碳关税的动机。（1）提高本国经济的竞争力，削弱中国、印度、巴西等发展中大国的工业出口竞争力，遏制这些新兴国家的崛起，以达到维护本国经济的目的。（2）征收碳关税可以大幅度增加额外的财政收入。（3）碳关税的征收可使欧盟等发达国家在全球气候变化谈判中处于有利地位，增强其国际谈判筹码。

近期，出现了环境激素新型壁垒。朱其太、薛庆波（2012）[2] 提出要对其进行警惕。环境激素（Endocrine Disrupting Chemicals，EDCs）是一种外源性干扰内分泌系统的化学物质，指环境中存在的那些能干扰人类或动物内分泌系统诸环节并导致异常效应的外因性化学物质。近期，欧盟方面不断强化对环境激素的管理，有迹象表明未来极有可能将其纳入欧盟 REACH 法规框架中进行全面管理。如果欧盟一旦实施新规，将给中国很多对欧出口行业带来新的贸易壁垒以及严重的贸易打击。

---

[1] 石健全、何娣：《欧债危机升级背景下碳关税新进展及对策研究》，《商业时代》，2012（8）。

[2] 朱其太、薛庆波：《警惕欧盟环境激素管理新壁垒积极应对促出口》，《中国检验检疫》，2012（10）。

C. 劳利（C. Lawley, 2012）[①] 关注了农产品进口标准的实施环节，在前人的基础上构建理论模型。C. 麦克奥斯兰，C. 科斯特洛（C. McAusland & C. Costello, 2004）[②] 检验了在不考虑规模经济以及贸易条件等因素的情况下，最优的边境检查强度。M. 马格里斯和 J. F. 肖格恩（M. Margolis & J. F. Shogren, 2012）[③] 扩展了麦克奥斯兰和科斯特洛的模型，将政治经济学动机考虑进来，以决定边境检查强度。C. 劳利的边境检查模型在此基础上又包括了国内生产部门，分配权重给生产者剩余。他指出，美国实施农产品边境检查的目的在于一方面，降低生物入侵的风险，减少潜在的环境威胁。另一方面，保护本国农业。作为主要农产品进口国的墨西哥，在向美国进口新鲜果蔬时遭到较高的贸易保护，生物安全进口限制因此成为一种贸易壁垒。

根据石健全与何娣（2012）[④] 的分析，从环境保护的角度来分析，碳关税征收本身具有抑制二氧化碳排放、促进环境保护的作用。从长期来看，碳关税征收对于中国调整产业结构升级、发展技术创新有一定的促进作用。然而，碳关税作为绿色掩盖下的新型贸易壁垒，其危害性会远远超过其所能带来的利益。对中国而言，碳关税的开征将使中国的对外贸易活动和国内经济发展遭受困境。

---

① C. Lawley（2012），"Protectionism Versus Risk in Screening for Invasive Species"，Journal of Environmental Economics and Management，http：//dx. doi. org/10. 1016/j. jeem. 2012. 11. 001，November 2012.

② C. McAusland，C. Costello（2004），"Avoiding Invasives：Trade-related Policies For Controlling Unintentional Exotic Species Introductions"，Journal of Environmental Economics and Management，Volume 48，Issue 2，September 2004，pp. 954 – 977.

③ M. Margolis，J. F. Shogren（2012），"Disguised Protectionism, Global Trade Rules, and Alien Invasive Species"，Environmental and Resource Economics，Volume 51，Issue 1，January 2012，pp 105 – 118.

④ 石健全、何娣：《欧债危机升级背景下碳关税新进展及对策研究》，《商业时代》，2012（8）。

（二）贸易壁垒影响

马可·弗戈萨、简－克里斯托弗·莫尔（Marco Fugazza & Jean－Christophe Maur，2008）[1] 和李继峰，张亚雄（2012）[2]，以及袁嫣（2013）[3] 都利用了 CGE 模型分析贸易壁垒对经济的影响。

李继峰、张亚雄（2012）以剖析碳关税的潜在影响为例，建立了国际贸易壁垒对中国经济影响的系统分析框架，并利用动态可计算一般均衡模型（SIC－GE）定量测算了各方面的经济影响。结果表明，碳关税对中国实体经济的影响要小于对名义价格水平的影响；对高耗能产品出口抑制作用明显，而对高附加值产品出口影响很小，甚至会有刺激作用。

袁嫣基于 CGE 模型，在生产模块、对外贸易模块、收入支出模块、碳关税模块等模型相互嵌入式的构建，定量探析碳关税对中国对外贸易、总体经济、生态环境、不同省区经济的影响，进而得出碳关税政策对中国外贸、经济生产等方面造成较大的负面影响，而在生态环境改善下影响甚微，其实质是一种保护本国经济、阻碍中国经济发展的贸易壁垒。数据主要来自 2011 年投入—产出表、《中国财政年鉴》、《海关统计年鉴》、《中国统计年鉴》等。

---

① Marco Fugazza & Jean－Christophe Maur（2008），"Non-tariff Barriers in CGE Models: How Useful for Policy?"，Journal of Policy Modeling，Volume 30，Issue 3，May－June 2008，pp. 475－490.

② 李继峰、张亚雄：《基于 CGE 模型定量分析国际贸易绿色壁垒对我国经济的影响——以发达国家对我国出口品征收碳关税为例》，《国际贸易问题》，2012（5）。

③ 袁嫣：《基于 CGE 模型定量探析碳关税对我国经济的影响》，《国际贸易问题》，2013（2）。

（三） 发展趋势

毕吉耀、张哲人（2013）[①] 预测未来贸易保护主义趋势将继续增强。2013 年，发达国家经济仍面临内生增长动力不足、失业率继续处于高位、财政货币政策回旋余地减小等问题，为缓解就业压力和企业困难，还会强化贸易保护主义措施，继续想方设法限制进口，将国内市场留给本土企业，这将干扰和制约世界贸易与中国出口的增长。

刘旭（2012）[②] 通过分析后危机时代国际贸易保护主义发展的影响因素，包括全球经济减速、经贸格局变化、经济结构调整、全球经济再平衡以及气候变化等问题上升为全球性重大议题，也预言贸易保护主义将愈演愈烈。中国将受严重影响，受美欧贸易保护影响的主体逐渐从中国内资企业扩展到日韩等外资企业甚至美欧在华投资企业，美欧实施贸易保护将由传统产业向高技术产业扩散，实施贸易保护的领域将从具体产品日益扩大到国内经济政策层面。

二、 欧元区不同国家经济政策治理调整方案

（一） 欧元区货币政策概况

欧元区的中央银行是欧洲中央银行体系，它由两部分组成：一是设在德国法兰克福的欧洲中央银行（ECB），另一部分是欧元区

---

① 毕吉耀、张哲人：《2012 年外贸形势及 2013 年展望》，《国际贸易》，2013（2）。

② 刘旭：《"十二五"时期国际贸易保护主义发展趋势及其对中国的影响》，《国际贸易》，2012（1）。

成员国中央银行。这两部分统称为欧洲中央银行体系（ESCB），负责在欧元区内行使统一的货币政策及对外的汇率政策。《马斯特里赫特条约》第105条第1款明确规定："欧洲中央银行体系的首要目标是保持价格稳定"。在不与此目标相抵触的情况下，欧洲中央银行体系可以在促进就业、经济增长等方面提供自己的支持，其着眼点是控制中期价格水平。杨蓓[1]认为，具体来说，欧洲中央银行体系的主要任务包括：确定和实施货币联盟的货币政策；进行外汇操作；持有和管理成员国的官方外汇储备；保障支付系统的顺利运转。

欧洲央行货币政策包括两个方面[2]：一是货币政策战略，即通过调节货币市场利率保持物价稳定。货币政策策略是欧洲央行为了实现价格稳定这一目标而制定的一系列评估和决策框架。欧洲中央银行体系选择货币政策战略的出发点是欧盟和欧元区成员国目前已有的方案，主要是以德国为首的货币数量控制战略。货币数量控制法的特点是：由于在较长时期内货币供应量的发展与价格上升之间存在着明显的正相关关系，控制货币数量对实现物价稳定这一首要目标是有效的。而且，货币数量目标在确定之后，它对于公众是透明的，这便于公众持续观察货币供应量的发展和检查中央银行是否根据其目标行事。如果偏离了货币数量目标，中央银行就有义务做出说明。此外，这种处理办法责任明确，因为货币数量发行最终处于中央银行的影响范围之内，这种在各种政策领域内的明确的责任分工有利于强化货币政策的独立性。其中，《欧元区的货币政策》[3]一书将欧洲中央银行的货币政策策略概括为以下两个方面的内容：对价格稳定的量化；利用两大"支柱"分析价格变动的风险；二是操作框架，即通过货币政策工具调节利率水平并向市场提供流动性。欧元体系有3种货币政策工具：公开市场操作（Open Market

---

① 杨蓓：《浅析欧元区的货币政策和财政政策》，《理论月刊》，2002（12）。
② 邢莹莹：《欧元区货币政策框架》，《中国金融》，2012（2）。
③ 何为：《欧元区的货币政策》，中国金融出版社，2012。

Operation）、经常性融资便利（Standing Facility）、影响结构性和流动性条件的最低存款准备金系统（Reserve Requirement）。操作工具的使用和程序都是为了严格地实行货币政策策略，同时向市场传递充分、有效的信息。

1998 年 10 月 13 日，ECB 宣布其货币政策策略应遵循以下 3 点[①]：①从可操作的角度定义"价格稳定性"——通胀率（CPI 变动）应在 0 ~ 2%。②考虑"货币参考价值"——即广义货币 M3 增长率的标准值。③使用数字指标监测和评价 EMU 的物价和货币状况。它主要强调货币稳定性应考虑中期的价格发展状况，非货币性价格变动如由于税收政策、原材料价格以及工资政策变动引起的价格变化则不在考虑之列。与清晰的通胀目标相比，这种政策策略的优势在于可以避免与短期的经济政策因素发生冲突。但这种政策策略本身就表明货币政策目标很模糊，"货币参考价值"指标与其他货币指标相结合说明 ECB 是允许货币政策目标发生偏离的，只要这种偏离不会造成"预期的"通货膨胀。

欧元区的中央银行是欧洲中央银行体系，它由两部分组成：一是设在德国法兰克福的欧洲中央银行（ECB），另一部分是欧元区成员国中央银行。这两部分统称为欧洲中央银行体系（ESCB），负责在欧元区内行使统一的货币政策及对外的汇率政策。《马斯特里赫特条约》第 105 条第 1 款明确规定："欧洲中央银行体系的首要目标是保持价格稳定"。在不与此目标相抵触的情况下，欧洲中央银行体系可以在促进就业、经济增长等方面提供自己的支持，其着眼点是控制中期价格水平。杨蓓（2012）[②]认为，具体来说，欧洲中央银行体系的主要任务包括：确定和实施货币联盟的货币政策；进行外汇操作；持有和管理成员国的官方外汇储备；保障支付系统的顺利运转。

---

① 邓春鸣：《评析欧元区货币市场与货币政策》，《国际金融研究》，2012（8）。

② 杨蓓：《浅析欧元区的货币政策和财政政策》，《理论月刊》，2012（12）。

（二）不同国家货币政策状况

然而，结合欧元区不同国家的状况，经济学者发现欧元区内高增长国家与低增长国家对货币政策的要求是相反的。邓春鸣（2012）[①] 分析，欧元启动30多年来，欧元区内的17国大体可以分为三个集团：有较高增长率的西班牙、爱尔兰、葡萄牙、荷兰和芬兰；有较低增长率的德国、意大利；以及居中的法国和比利时等。德国、意大利经济主要表现为传统的制造业进入了衰退期。这些传统行业只在1999年夏季由于世界经济尤其是亚洲经济复苏才出现过转机。西班牙、爱尔兰等国家则相反，由于服务业和新产业的扩张，这些国家都出现了较高的内需和增长率，受亚洲危机的影响要小得多，开始增长也早得多。这些国家的通胀率明显高于德国和意大利。欧洲中央银行统一货币政策虽然面临着两难的局面，但还是于2001年5月选择了降息，这顺应了国际环境的潮流，满足了德国等欧元区国家的要求，却违背了欧洲经济的实际需要，因为当时欧元区已面临较高的通货膨胀（2.9%，2000年同期仅为1.9%）。因此，在目前欧元区成员国经济差别很大的情况下，统一的货币政策必然使一些国家的经济运行风险增加，从而潜在地增加了这些国家的债务风险。

虽然爱尔兰等国出现了高增长和高通胀的局面，但德国、法国、意大利等欧元区大国的经济表现较为同步，这在一定程度上掩盖了经济周期的矛盾。不过，目前还很难排除欧元区成员国经济周期扩大的可能性，一旦出现经济周期的矛盾，欧元区成员国将会面临不对称的冲击，欧洲中央银行很难拿出一个让各成员国均满意的方案：低增长的国家希望实行扩张性货币政策以刺激经济；而高增长的国家则希望实行紧缩性货币政策以抑制通货膨胀。低增长的国

[①] 邓春鸣：《评析欧元区货币市场与货币政策》，《国际金融研究》，2012（8）。

家往往更易受外部的冲击，比如美国的"9·11·事件"和安然事件引发了美国经济的下滑，这些低增长国家就会再次受到像亚洲金融危机一样的危害，立即面临衰退的危险，而对于那些高增长国家，外部冲击带来的危害主要在于伴随高增长带来的高通胀。

董书慧（2012）[①] 提到，在一个拥有独立主权的国家里，当受到某种外部冲击时，在不影响物价稳定的前提下，中央银行可以通过降低利率或汇率的货币政策来刺激经济，同时，政府也可以利用转移支付和减税等财政政策来发挥自动稳定器的作用，以减轻冲击造成的失业率上升和收入下降的负面影响。

（三）欧元区财政政策概述

欧元启动以后，欧洲中央银行将在欧元区统一发行货币并独立地行使货币政策，欧元参加国将失去利率、汇率等货币政策手段，但政府预算政策仍继续留在欧元国家政府的手中。[②] 由于欧盟自身的财政预算规模十分有限。按照规定，欧盟通过各种渠道从成员国筹集的自有财源不能超过欧盟各国 GDP 总量的一定比例，财政资金主要集中在各个成员国政府手中。

欧元区没有财政一体化、结成财政联盟，而是各国独立行使财政政策，这样在成员国间缺少财政转移支付救助机制，发挥财政稳定机制的作用。当一国财政出现问题时，其他国家没有义务，最多只是出于道义上提供帮助，这无疑不利于财政问题的解决。而欧元区成员国发展的不平衡性较大，在不同财政下，一些国家（特别是经济欠发达国家）财政出问题是必然的事情，缺少财政转移支付的救助机制会使这些国家容易产生财政问题，进而增加了潜在债务危

---

① 董书慧：《欧元区国家财政政策协调的路径选择》，《国际经济合作》，2012（2）。

② 杨蓓：《浅析欧元区的货币政策和财政政策》，《理论月刊》，2002（12）。

机的风险。

其次，石清华（2012）① 提出，这也滋生了成员国的财政机会主义。所谓财政机会主义是指"过度积累或有财政风险的偏好"。成员国加入欧元区后融资更便利、融资成本更低，因此，成员国在应对财政支出扩大时更偏好于从市场上举债。同时，在统一货币体系下，成员国若滥用财政政策，自身不仅能享受到融资成本低的好处，而且当出现偿付危机的时候，欧元区内其他成员国绝不会置之不理，而是必然出手相救，因为如不救助，其他成员国也会受损，所以成员国存在道德风险，结果是放松对本国财政的约束，使财政赤字与政府债务一步步失控。因此，加快对欧元区财政政策的协调是迫在眉睫的。

除此之外，董书慧（2012）还研究了欧盟财政政策外溢效应的负面影响。她认为，大部分实证表明，在 EMU 机制下，成员国的财政扩张会给其他成员国带来负面的溢出效应。此外，欧盟财政政策的溢出效应还体现在资本流动及债务方面，如果一个成员国被允许持续增加财政赤字的话，必然会相应提高其债务率，从而政府会更加求助于欧盟内的资本市场，最终导致联盟内整体利率的上升，转而增加其他成员国政府的债务负担。如果这些国家选择稳定其债务率的话，则他们将被迫执行更为限制性的财政政策。

（四）财政政策协调

与财政政策协调相关的经济学理论包括"用脚投票"理论（又称为蒂鲍特的假说，Tiebout Hypothesis），财政联邦理论、资本输出中性（Capital Export Neutrality）理论、政治经济周期理论和财

---

① 石清华：《欧元区体制缺陷对成员国债务的影响及对欧债危机的治理分析》，《现代经济探讨》，2012（12）。

政溢出效应理论（Spillover Effects）等。

对欧盟财政政策协调研究文献主要集中于外文文献中，这主要表现在出现了一大批研究此问题的经济学家和一系列的优秀成果，而且其中的很多成果对欧盟财政政策协调的改革具有指导意义。虽然中文文献也有相当多的文献研究欧盟财政政策问题，但是这些研究基本上都是外文文献研究的延伸。

1. 外文文献对欧盟财政政策协调的研究理论综述

马克·海勒伯格（Mark Hallerberg, 2012）[①] 指出，维莱特（Willett, 1999）认为，与财政政策协调相比，各国更易于进行货币政策的协调，但是在过去的 10 年中，欧盟对财政政策难以协调这一观点发起了挑战，即各成员要充分满足《稳定与增长公约》（以下简称《稳约》）要求，使自己的中期财政预算"接近于平衡或略有剩余"。即使这样，当今的大部分学者都关注于统一货币政策和 17 个成员统一货币，或者关注于某一成员违反《稳约》拥有过高的赤字时所要受到的惩罚措施，而对怎样或为什么要进行财政政策的协调关注得比较少。

冯·哈根（Von Hagen, 2012）[②] 及康托波洛斯（Kontopoulos, 2005）[③] 和佩罗蒂（Perotti, 2004）[④] 研究表明，预算权力的分散程度越高，就越容易引起过度的财政赤字。发塔斯和艾丽安米侯

[①] Mark Hallerberg (2012), "Explaining European Patterns of Taxation: From the Introduction of the Euro to the Euro – Crisis", Industrial Marketing Management.

[②] Von Hagen (2012), "Electoral Institutions, Cabinet Negotiations, and Budget Deficits in the European Union", NBER Working Paper No. w6341.

[③] Kontopoulos (2005), "An Empirical Investigation of Economic Growth Rate and Saving Ratio: Evidence from Selected Eastern European Countries", Review of Economic Sciences, Vol. 7.

[④] Perotti (2004), "The European Union: A Politically Incorrect View", Harvard Business Review.

（Fatas & Ilian Mihov，2012）[1] 通过对欧元区样本国家财政政策的实证分析得出结论，随意性财政政策是导致经济过度波动和长期增长率偏低的主要原因。

2. 典型国家分析——德国

金玲（2012）[2] 认为，债务危机改变了德国欧洲政策的内外环境。在德国内部，尽管深化欧洲一体化仍是政党和民众的共识，但对于如何应对危机以及未来一体化的路径却有不同认识。这些分歧在民意调查、执政党内部争论和地方选举中已有显著表现。

就应对危机来说，"德国有超过 2/3 的民众反对德国对希腊和其他发生债务危机的国家进行救助"。"德国为欧洲以及其他成员国埋单"的认知深入人心，并要求政府维护国家利益，使得政府很难将自己界定为一体化发动机和欧洲利益的维护者。但对于德国和欧洲来说，当前最重要的恰是德国如何界定其国家利益与欧洲利益之间的关系。历史和现实都表明，欧洲的团结是德国的根本利益，只有德国将其国家利益纳入欧洲利益的框架之下，才能实现二者的有机统一。

田野、张晓波（2012）[3] 认为：作为世界上独立程度最高的中央银行之一，德国联邦银行担心欧洲货币合作会干扰其维护国内物价稳定的反通胀目标，更不愿放弃马克这种以稳定享有盛誉的货币。但德国联邦政府的对外行为代表着国家意志，在国际货币政策的制定过程中具有更大的信息优势和合法性。在欧洲货币体系和欧洲货币联盟创立的关键时期，德国合理利用国际制度与国际谈判带来的优先权和自由度，将联邦银行排除在最初的议程安排之外，按

---

① Fatas, Ilian Mihov（2012）, "The Case for Restricting Fiscal Policy Discretion", Journal of Economics, Forthcoming, July 15.

② 金玲：《欧债危机中的'德国角色'辨析》，《欧洲研究》，2012（5）。

③ 田野、张晓波：《国家自主性、中央银行独立性与国际货币合作——德国国际货币政策选择的政治逻辑》，《世界经济与政治》，2012（1）。

照总理府的意图形成计划后再让联邦银行参与，并以欧洲联合的事业来减少联邦银行的选择范围和机会，从而超越强大的联邦银行的反对，实现了联邦政府自身的目标。

债务危机深刻改变了欧盟政治和一体化进程，加剧了成员国之间的分化，改变了内部力量平衡，强化了成员国政治和欧盟政治之间的联动。欧洲一体化正处于关键节点：平衡紧缩和增长的双重需求、重建内部力量的平衡、缓和因为危机而恶化的成员国关系，以及构建成员国政治与欧盟政治之间的良性互动都是欧盟需要面对的问题。作为一体化的核心力量，德国在上述问题上的选择对于欧盟建设至关重要。"德国正确的战略定位及其勇挑重任，对于克服欧洲面临的种种危机，维护和继续推进欧盟一体化事关重大，是德国和欧盟发展的钥匙，是德国和欧洲未来命运所在"（伍贻康，2012）。[1]

三、 欧洲债务危机及其影响

（一） 欧债危机成因

2008 年的国际金融危机是欧债危机爆发的直接原因。受 2008 年金融危机的影响，菲利浦·R. 兰尼（Philip R. Lane，2012）[2] 指出，发达国家和发展中国家都普遍采取了货币与财政双宽松的刺激政策，包括对处于困境的银行进行注资。这在一定时期内有效地抑制了全球经济的下滑；但与此同时，由于大规模举债，各国政府的

---

[1] 伍贻康：《"德国问题"与欧洲一体化的兴衰》，《德国研究》，2012（4）。

[2] Philip R. Lane（2012），"The European Sovereign Debt Crisis, Journal of Economic Perspectives"，Volume 26，Number 3，Summer，pp. 49 – 68.

债务负担大大提高，特别是欧洲一些因人口结构等因素本来就债台高筑的国家更是雪上加霜。欧洲主权债务危机正是在这种特殊的背景下既偶然又必然地爆发了。

至于内部原因，意大利学者弗朗西斯科·贾瓦齐（Francesco Giavazzi，2012）[1] 指出，本次危机的根源是欧元区外围国家的过度举债和核心国家的有借必应。欧洲货币联盟的治理框架为成员国之间的过度信贷开了方便之门。而国内的学者漆鑫、庞业军（2012）[2] 也分析指出了其中存在的内部原因：发生债务问题较严重国家的国内经济结构性因素是造成欧债危机的根本性原因之一。其中，福利政策与经济发展严重失调。这些债务问题国家普遍实行高福利的社会保障制度，我们就拿养老保险替代率举例，希腊养老保险替代率高达95%，然后在实行高福利政策的同时，债务问题国家的生产力却由于人口老龄化等原因长期处于较低水平，其生产力发展长期落后于福利增长，巨大的福利支出造成财政支出负担沉重，财政入不敷出。当然，还有一点是不可不提的，这些国家的经济增长模式存在缺陷。在欧洲内部传统的贸易分工格局中，发生债务问题的国家劳动力密集型制造业具有比较优势，但是随着高福利制度的建立，这些国家的工资水平持续上升，同时贸易全球化的不断深入使得中国、印度等新兴市场国家陆续加入全球产业竞争，削弱了债务问题国家在传统优势行业的竞争力。在核心竞争力下降的背景下，这些国家普遍推行"高消费＋贸易逆差"的模式推动经济增长。这种模式必然导致国内储蓄不足，政府无法有效地利用国内储蓄为财政赤字融资，只能转而依靠发行外债融资。

---

[1] Francesco Giavazzi：《欧元危机的逻辑》，International Economic Review，2012（2）。

[2] 漆鑫、庞业军：《欧债危机的根源、前景与影响》，《外汇市场》，2012（2）。

（二）欧债危机所暴露出的问题

巴达尔·阿拉姆·伊克巴尔（Badar Alam Iqbal, 2012）[1] 指出，持续存在的失业水平随着金融市场的紧张程度提高，导致欧洲发达国家主权存在风险。商品价格波动进一步导致增长和不平衡的风险。

法国学者查尔斯·维普洛兹（Charles Wyplosz, 2012）[2] 认为，欧债危机暴露了欧洲货币联盟运作机制的设计缺陷：财政纪律松散、金融监管失当和欧洲央行角色定位存在偏差。但同时危机也为欧元区矫正缺陷提供了改革契机。强化财政纪律有两种思路，制定新的"财政条约"和采取"宪制安排"；提高监管效率的改革理念是实施金融监管集中化；欧洲央行应将金融稳定作为主要目标，并承担最后贷款人的角色。当然，仅有上述措施是不够的，欧盟需要开展更加广泛和深入的改革。

（三）欧债危机未来的走向

当然，揭露出的这些问题也主导了欧债危机未来的走向。沈国栋（2012）[3] 就指出，未来解决欧洲债务问题主要有以下几大方向：第一，不能满足欧元区条件的国家主动退出欧元区，使欧元区形成核心价值。这样一种设想似乎不太可能。因为欧盟在《里斯本条约》中没有授权欧元区可以将一个成员国逐出，任何成员国退出

---

① Badar Alam Iqbal（2012），"G20：Global Issues and Challenges"，Transnational Corporations Review，Volume 4，Number 1 March.

② Charles Wyplosz（2012），《欧洲货币联盟设计中的缺陷》，《国际经济评论》，2012（2）。

③ 沈国栋：《试析欧债危机的成因、未来走向以及对中国经济的影响》，《中国外资》，2012（3），总第261期。

只能由该成员国自己要求。但是，像希腊这类的国内债务危机严重的国家还十分希望得到其他国家的援助，不会主动退出的，就算退出也会违约，损害其他各国的利益。同时，这样一种方案会使欧盟破裂。第二，世界经济实力强国向危机国家提供援助，缓解危机。世界经济市场不断波动，世界各国也在纷纷为欧元区推出救助方案。欧洲央行应当尽力购买欧元区债券和进一步寻求国际的帮助。另外，欧元区各国应当联合起来，共同解决这场债务危机，经济实力相对较强的国家应当主动向希腊等国提供经济援助。第三，欧元区联合发行"欧元共同债券"共同负担相关债务，并确立全新的财政政策和货币政策。这种方案可以使欧元区各国协调好货币政策和财政政策，这样才能从根本上解决欧债危机。

巴克·彼得、加尔多·桑德尔（Backé Peter & Gardó Sándor, 2012）[1] 指出，由于欧债危机而引起的外国投资者的风险厌恶情绪增加导致更高的风险溢价，这将提高融资成本，甚至可能会限制获得资金。这将导致资金流动放缓或资本突然停止流入，打击非金融企业和银行。公共部门融资困难可能过多，特别是在政府融资（通过国际或国内债券市场）严重依赖国外投资者参与的情况下。最后，有可能是希腊银行的去杠杆化或甚至有部分希腊银行从该地区撤出。从促进经济活动看，这反过来又可能影响信贷质量，盈利能力和在该地区的银行资本。这样，又陷入了危机之中。

法蒂赫·穆罕默德·奥卡尔（Fatih Mehmet Öcal, 2012）[2] 指出并分析，大体上，在欧洲国家信用等级下降的同时，欧债危机当事五国（GIIPS）的融资成本大大增加，一方面，五国的债务违约风险大幅攀升，并出现剧烈波动。与此同时，GIIPS 五国 10 年期国债的息差（相对于德国）也在急剧上升，而尤以希腊为甚。

---

[1]　Backé Peter & Gardó Sándor（2012），"Spillovers of the Greek Crisis to Southeastern Europe：Manageable or a Cause for Concern？"，Focus on European Economic Integration.

[2]　Fatih Mehmet ocal（2012），"European Debt Crisis and its Analysis"，International Research Journal of Finance and Economics，Issue 97 September.

（四）欧洲债务危机的影响

1. 欧洲债务危机对东亚经济的影响

查尔斯·A. 库普坎（Charles A. Kupchan，2012）[①]指出，此次欧债危机沉重地打击了东亚一些国家的经济，这是因为其经济正逐步地走向成熟和开放。但是，相反地，印度等一些正在崛起的民主国家正从世界经济结构的转变中汲取活力，且中国被证明特别擅长利用全球化的优势而减少其负债——在很大程度上它仍然使用很多被自由经济国家放弃的政策工具。因此，随着金融危机的发展，世界经济格局将发生变化，发达国家势力逐渐减弱，新型经济体会逐步崛起，这在东亚国家会有很明显的体现。世界银行在其发布的东亚地区经济展望中提到，短期内东亚经济所面临的最大风险是由欧洲一些国家主权债务危机所带来的负面影响。

2. 欧洲债务危机对中国经济的影响

在经济全球化的背景下，面对欧债危机，中国不可能不受影响。沈国栋（2012）认为，欧债危机会对中国经济存在三方面的打击。首先，欧债危机会严重影响中国对欧盟各国的出口。欧盟作为中国第一大贸易合作伙伴、第一大出口市场和第一大技术引进地，欧债危机的出现必将导致双边的贸易受到沉重打击；第二，欧债危机会使人民币升值的压力加大；第三，中国现在持有大量的欧元资产将面临大幅贬值，会造成中国外汇资产严重缩水。曾寅初、刘君

---

① Charles A. Kupchan（2012），"No One's World：The West，the Rising Rest，and the Coming Global Turn"，Oxford University Press.

逸、梁筱筱（2012）[1] 分析了影响的可能途径，直接的影响途径主要包括通过贸易风险的变化、中欧双方的汇率变动、欧盟的农产品生产成本和生产能力、欧盟国家对农产品的需求变化和欧盟的贸易政策调整等，而与中欧双边农产品贸易相关联的间接影响途径最主要的是中欧双方之间的外国直接投资。在欧盟各国应对欧债危机的过程中，由于政治经济矛盾引发的罢工等社会动荡，也会使得贸易的可预期性下降，不确定性增加。贸易风险和不确定的增大，无论是对于中国从欧盟进口农产品，还是中国向欧盟出口农产品，都会带来负面的影响。

陈凌白、冯强（2012）[2] 也提出了欧债危机对中国财政方面的影响，与过去两年的积极财政政策相比，当前的积极财政政策在着力点上已进行调整。我们已经从积极的财政政策转为完善结构性减税政策，加大民生领域投入，积极促进经济结构调整，严格财政收支管理，加强地方政府债务管理。我们更加的注重结构性减税，通过税制的调整与完善，可以为服务业、小微型企业等减负，以此促进经济的转型。而出口贸易作为最重要的部分之一，李永刚（2012）称欧洲各国财政压力增加，各国政府为减少赤字、降低债务负担，纷纷提高税率，削减政府开支，消费持续降低，欧洲各国的进口能力明显下降。尽管中国对葡萄牙、意大利、爱尔兰、希腊和西班牙五国的出口仅占中国出口的3.5%，但整个欧盟占中国出口的17%，是中国最大的出口目的地。郑宝银、林发勤给出了详细的分析，欧洲主权债务危机的爆发与中国出口规模的减少呈现出了同步性。欧洲主权债务危机通过抑制欧洲国家的经济增长，紧缩欧洲国家居民的消费，使得中国对欧洲出口下降。由于欧洲是中国出口的第一大市场，所以对中国出口的影响是巨大的。

---

① 曾寅初、刘君逸和梁筱筱：《欧债危机对中欧农产品贸易的影响分析》，《农业经济与管理》，2012（2），总第12期。

② 陈凌白、冯强：《欧债危机对全球经济的影响分析》，《时代金融》，2012（32）。

（五）欧债危机的启示

威廉·布伊特（Willem Buiter，2012）[①]指出，2011年12月初的欧盟峰会通过了欧元区成员国政府间的新财政协议，要求各成员国年度财政结构性赤字不得超过名义GDP的0.5%，超额赤字不得超过名义GDP的3%，成员国必须以新协议中的财政预算平衡规则为原则，设立自动修正机制，并写入各自的宪法中。该协议的制定将欧元区成员国财政政策的统一监测和监管水平往前推进了一大步。但财政一体化意味着成员国将自身的财政主权移交，由新成立的欧盟预算管理当局负责对各成员国的财政状况进行监测和监管，甚至直接对成员国的财政预算方案行使否决权，而且需修改成员国的宪法和《里斯本条约》，因此财政一体化必然是一个伴随着政治博弈和冲突、漫长而痛苦的过程。

对于欧元区的稳定，欧内·斯特和赛格拉·伊斯特（Gnan Ernest & Segalla Esther，2012）[②]也提出了这样的观点，几个欧元区国家目前面临信誉问题与高风险溢价。在这样的环境中，非常高的债务水平的后果，造成一部分经济衰退，由此产生的社会和政治不稳定并削弱经济增长，触发国际间的不确定性，减少正面综合效果。尤其政策制定者必须考虑到财政整顿措施的影响，随着时间的推移，在短期内，他们有一个增长的缓冲作用。这有必要求助于外部政策干预。在同一时间，是建立适当的激励机制和有关国家实施必要的综合经济结构改革。这些国家必须选择最好的改革路径以确保改革政治上可持续，防止任何负面影响，并使欧盟应对市场做出更

①　Willem Buiter（2012），"Is the Eurozone at Risk of turning into the Rouble Zone [N]"，Global Economics View，2012-2-13：9-12.

②　Gnan Ernest & Segalla Esther（2012），"European Monetary Union：Lessons fronn the Debt Crisis"，Monetary Policy & the Economy：Quarterly Review of Economic Policy，2012 2nd Quarter.

有自信的决定。

四、 欧洲经济周期与协动性

迈克尔·阿蒂斯、大久保俊（Michael J. Artis & Toshihiro Oku-bo，2012）[1] 对经济周期的同步性、贸易和汇率制度之间的联系提供了长期的历史证据。他们使用了工业化国家和一组亚洲经济体的大量数据来检验 3 个时期［第一次全球化时期（1870～1913 年），欧元区经济时期（1915～1959 年）和第二次全球化时期（1960～2004 年］中三者的联系，发现欧盟经济时期的经济周期的特点是不同于另外两个全球化时代。最后得出结论，认为经济周期与贸易和货币联盟是具有协动性的。

法比奥·卡纳瓦、马特奥茨·卡瑞利和伊娃·奥尔特加（Fa-bio Canova，Matteo Ciccarelli & Eva Ortega，2012）[2] 运用了 VAR 面板模型和 10 个欧洲国家的数据研究了欧洲央行的成立和欧洲的全面改变对欧洲经济周期的影响，发现欧洲经济周期也发生了改变。

张柯赢、金润培、马克·汤姆汉诺维奇和印永翔（Koyin Chang，Yoonbai Kim，Marc Tomljanovich & Yung‐Hsiang Ying，2012）[3] 发现经济政策和政治环境对经济周期和各个国家之间的相关性有很大的影响。特别是，他们发现具有不同政党之间的两个国家的商业周期的相关性降低。研究同样发现经济因素包括贸易、金融、地理和政策性措施同样影响经济周期。

---

① Michael J. Artis & Toshihiro Okubo（2012），"Business Cycle，Currency and Trade，Revisited"，ssrn，Pacific Economic Review，Vol. 17，Issue 1，pp. 160 – 180.

② Fabio Canova，Matteo Ciccarelli & Eva Ortega（2012），"Do institutional changes affect business cycles? Evidence from Europe"，IDEA.

③ Koyin Chang，Yoonbai Kim，Marc Tomljanovich & Yung‐Hsiang Ying（2012），"Do Political Parties Foster Business Cycles? – An Examination of Developed Economies"，Journal of Comparative Economics，May.

齐诺·恩德斯、菲利普·荣格和盖尔诺特·穆勒（Zeno Enders, Philip Jung and Gernot J. Muller，2012）[①] 认为，汇率是中性的，几乎没有证据证明欧元区改变了欧洲的经济周期，在欧元区建立前后宏观经济变量基本不变。但是，实际波动汇率大幅度下降，国家间的相关性大大增加。为了解释这一现象，他们开发了一个能够复制欧洲数据关键特征的两个国家的经济周期模型，该模型分析了欧元区在标准的经济周期统计的影响有限，然而进一步的分析表明，欧元已经通过它对传导机制的影响改变了经济周期的性质。

维奥里卡·基里拉、西普里安·基里拉（Viorica Chirila and Ciprian Chirila，2012）[②] 运用 Hodrick – Prescott 滤波和 Mills 实验来测试中欧国家和东欧国家经济周期的不对称性，剔除了工业生产指数的影响，最后得出结论中欧国家和东欧国家的经济周期不存在不对称性。

五、 欧元区货币理论与实证分析

（一）理论分析

1. 最优货币区理论

欧元之父罗伯特 A. 蒙代尔（Robert A. Mundell）于 1961 年提出最优货币区理论，其后 R. I. 米金农（R. I. Mckinnon）、J. C. 英格拉姆（J. C. Ingram）、G. 哈勃勒（G. Haberler）和 J. M. 弗莱明（J. M. Fleming）等经济学家对其理论从不同侧面修正补充和完善。

[①] Zeno Enders, Philip Jung & Gernot J. Muller (2012), "Has the Euro changed the business cycle?", IDEA.

[②] Viorica Chirila & Ciprian Chirila (2012), "Testing business cycles asymmetry in Central and Eastern European countries", Modern economy. – Irvine, Calif. : Scientific Research Publishing, ISSN 2152 –7245, ZDB – ID 25987604. – Vol. 3, 6, pp. 713 –717.

最优货币区是一个经济地理概念，是指最符合经济金融上的某些条件的国家或者地区，相互之间建立紧密联系的货币制度，如固定汇率制度，甚至使用统一货币的区域。在此区域内，一般性的支付手段或是一种单一的共同货币，或是几种货币，这几种货币之间具有无限可兑换性，其汇率在进行经常交易和资本交易时相互盯住、保持不变，但是区域内国家和区域外国家的汇率保持浮动。该理论为欧元区的建立奠定了基础。

但是，有最新研究提出了不同的观点。姚大庆（2012）[1] 基于2005~2009年25个国家的双边贸易面板数据，使用引力模型检验了欧元区国家间的共同边界效应。结论发现，欧元区核心国家之间不存在共同边界效应，而全部欧元区成员国间存在较为明显的共同边界效应。这说明，由于扩大过快，现在的欧元区一体化程度难以达到最优货币区的要求。

2. 欧洲央行

要分析欧元的运作，需要了解欧洲中央银行体系（ESCB）和欧洲中央银行（ECB），欧洲中央银行是为适应欧元发行流通而设立的金融机构。欧洲中央银行体系由欧洲中央银行和各国中央银行（NCBs）组成。其中欧洲中央银行是决策机构，是欧洲中央银行体系的中心，各国中央银行是执行机构。

安斯加尔·贝尔克·巴巴拉·冯·斯克努本（Ansgar Belke·Barbara von Schnurbein，2012）[2] 分析了欧洲央行理事会成员和执行委员会的投票权。他们使用基于游戏的多线性扩展的随机化方案，将标准分析分为3种。第一，提供理事会成员异质偏好；第二，传达设

---

① 姚大庆：《对欧元区共同边界效应的检验——兼论欧元区是否能满足最优货币区的条件》，《世界经济研究》，A，1007 – 6964［2012］05 – 111209 – 0763。

② Ansgar Belke·Barbara von Schnurbein（2012），"European monetary policy and the ECB rotation model Voting power of the core versus the periphery"，Public Choice（2012）151：289 – 323，DOI 10. 1007/s11127 – 010 – 9748 – 9.

置议程的欧洲央行行长的权力；第三，考虑动态决策。研究表明，旋转模型（the rotation model）能稳定欧元区的核心国家的位置。

上述是欧洲央行的常规政策，而在面对一些特殊情况如金融风暴时，欧洲央行也会采取一些非常规政策。欧洲央行副行长比托尔·康斯坦西奥（2012）[①]就介绍过这样的非常规政策。2007年8月，金融风暴爆发之时，欧洲中央银行是第一批对大规模注资做出反应的央行之一。注资之后，欧洲央行接着采取了一系列非常规货币政策措施，包括2008年9月雷曼兄弟倒闭之后推出的加大信贷支持力度措施，以及2010年5月金融危机演变为主权债务危机之后采用的证券市场计划（SMP）措施。非常规措施是对常规利率政策的补充而非替代，因为其目的不是放松货币政策，而是为了助益常规政策实现其有效性。

欧洲央行的建立是国际金融史上一次前所未有的创新，不可避免地会存在许多缺陷与弊端。尤其是在金融危机以后，许多学者对欧洲央行运作体系提出了评价与批评。

徐聪（2012）[②]从欧债危机的角度指出了欧洲央行的独立性困境：欧洲央行被赋予独立性使命，但在欧元运行数十年后，欧洲央行缺少维持独立性的必要资源，在新的经济环境下，欧元体系的维系以欧洲央行独立性的损失为代价，导致欧洲央行陷入独立性困境。欧洲央行的独立性使命导致其决策的自主性和不透明性，使得欧洲央行在决策过程中无法对成员国利益进行有效制衡，造成央行独立性易屈从于国家利益以及叠加的成员国利益，这是欧洲央行陷入独立性困境的由来。成员国间经济失衡使得欧元区矛盾迅速激化，割地为营的财政政策使得各国政策无法从欧元大局考虑，这是欧洲央行陷入独立性困境的根本原因。

查尔斯·维普洛兹（Charles Wyplosz，2012）[③]的研究表明，

---

① 比托尔·康斯坦西奥：《欧央行的非常规货币政策》，《中国金融》，2012（2）。

② 徐聪：《从欧债危机看欧洲央行的独立性困境》，《欧洲研究》，2012（4）。

③ 查尔斯·维普洛兹（Charles Wyplosz）：《欧洲货币联盟设计中的缺陷》，《国际经济评论》，2012（2）：58–65。

欧洲货币联盟陷入了严重的国际收支失衡，性质类似摧毁布雷顿森林体系。希腊、爱尔兰、葡萄牙、西班牙和意大利资产负债表中的国际收支赤字累计到 2011 年 8 月达到 4040 亿欧元。这些国家的中央银行通过向其他国家央行借钱掩盖赤字。因此，欧洲中央银行迫使公共资本输出以及资本外逃从私人资本流出的核心国家转向外围国家。

杰伊（Jay C. Shambaugh）[1] 分析指出，欧元区面临的三大连锁危机一起挑战这个货币联盟的可行性。（1）银行业危机：银行资本金不足，面临着流动性问题。（2）主权债务危机：许多国家都面临着不断上升的国债收益率的挑战。（3）增长危机：经济增长缓慢的欧元区整体的和不平等的国家分布。这些危机互相连接的几种方法：脆弱的银行和主权债务问题是相辅相成的，导致经济增长的放缓，反过来经济增长率低导致银行脆弱性和债务问题的加剧。他们详细介绍了三大危机，三大危机的互连和可能的政策解决方案。一个更广泛的观点也变得清晰了：一个货币联盟可能不需要一个财政联盟，但它可能需要一个财政联盟的一些方式来调整国家经济失衡。

（二）实 证 分 析

1. 欧洲经济的实证分析

蔡彤娟、金山（2012）[2] 尝试在开放宏观框架下检验欧元区单一货币政策冲击给各成员国带来的区域非对称效应。首先，通过考察欧元区货币政策传导渠道检验区域非对称效应的产生机制；其次，运

---

[1] Jay C. Shambaugh（2012），"The Euro's Three Crises"，Brookings Papers on Economic Activity，Spring.

[2] 蔡彤娟、金山：《欧元区单一货币政策区域非对称效应的实证研究——基于 VAR 方法的检验》，《国际金融研究》，2012（6）。

用 VAR 模型和脉冲响应函数（IRFs）检验货币政策区域效应的程度；最后，运用分时段 VAR 模型检验货币政策区域效应的内生性。结果表明，欧洲单一货币政策对各成员国产生非对称冲击，且非对称效应未出现收敛性，欧元区宏观政策协调的成本和难度加大。

李慧中、沈雨沁（2012）[①] 从巴拉萨—萨缪尔森效应、价格的收敛效应、输入性通胀、本国要素市场结构差异、本国财政政策和经济周期六个方面，使用实证数据和面板数据回归探讨了欧元区各经济体间究竟为什么会存在差别如此之大的通胀率以及什么因素及在多大程度上影响了通胀率的差异。得出结论：巴拉萨—萨缪尔森效应、价格收敛效应、输入性通胀、各国财政政策和不同的经济周期均对一国的通胀差异有显著的影响，而劳动力市场对通胀差异没有显著的影响。

2. 货币方面的实证分析

巴里·艾肯格林（Barry Eichengreen，2012）[②] 则根据欧元的发展对亚洲货币一体化提出了建议：（1）确保货币联盟顺利运行的前提条件是建立区域货币；（2）亚洲如果准备考察金融监管，必须先考虑货币的统一；（3）亚洲要注意国家破产和流动性出现问题；（4）只要金融监管和财政政策仍没有完全集中，资本流动监测货币联盟仍被需要。所有这一切都表明，亚洲货币的统一，应被视为最好的一个长远目标。然而经济制度趋同、政治团结广泛是不现实的，目标可能是可望而不可即的。这不是新闻；这一点已由许多早期的学者讨论过。

---

① 李慧中、沈雨沁：《欧元区成员国通胀差异成因研究》，《财经研究》，Vol. 38，No. 9，Sep 2012.

② Barry Eichengreen（2012），"Throwing Out the Baby with the Bathwater? Implications of the Euro Crisis for Asian Monetary Integration". Journal of Economic Integration，Vol. 27，No. 2（June 2012）（pp. 291 –311）.

第三章 亚 洲 经 济

一、 亚洲经济概况

（一）东亚经济贸易

对东亚经济问题的分析，亚历山大·瑞普坎（Alexandre Repkine）在探讨东亚经济一文中采用了各种聚类分析技术，并拿出集群解决方案。在这项研究中也进行了分层聚类，表明一个连续的团体国家的路径。他研究的结果，目的是作为许多决定考虑多边的经济合作和贸易协定的各方所使用的工具。

在一个全球化的世界中，没有任何一个国家可以被认为是孤立发展的。世界上，东亚国家也不例外，巨大技术进步，运输成本较低，通信速度更快，资本流动更加丰富，经济的相互关联程度非常高。东亚国家相互依存的一个著名例子是亚洲 1997 年的金融危机。泰铢急剧贬值，紧接着马来西亚、菲律宾、印度尼西亚货币贬值，之后韩国、新加坡等货币都受到了冲击。

1997 年金融危机之前，东亚经济模式的表现是相当具有活力的，它使东亚经济在第二次世界大战后获得了举世瞩目的成就。首先在日本，经过第二次世界大战后的经济调整和恢复发展，20 世纪七八十年代日本一跃成为仅次于美国的世界第二号经济大国。60年代开始，亚洲"四小龙"抓住时机，推行出口导向型发展战略，采取各种优惠政策吸引欧美劳动密集型产业的转移，以劳动密集型产业为主导迅速取得了高速增长。80年代，日本受日元升值的影响而加快向亚洲发展中国家与地区转移国内产业，东盟国家和中国由此获得了经济发展的新契机，促进了经济的高级化。这段时期内，整个东亚国家人均 GDP 增长速度，1966～1973年为 513%，1973～1980年为 419%，1980～1989年为 612%，创造了自产业革命以来的最高增长速度。其中，韩国、马来西亚等成为中等收入国家，新加坡更实现了人均 GDP 超万美元的骄人业绩。进入 90 年代，日本经济停滞不前，与此同时，"四小龙"和东盟后来居上，"雁形模式"不再显著。1997年的亚洲金融危机给东亚各国（地区）带来严重打击，直至 1999 年下半年才转入相对稳定的复苏阶段。

在东亚自由贸易协定的数目从 1975 年的 2 个增加到 2010 年超过 45 个更多的自由贸易协定正在谈判中。[1]

程恩富、杨斌（2012）[2] 指出：在经济全球化发展的时代，东亚国家必须突破日本一雁领头的"雁形"结构，尽快形成由日本和中国领先的"双头鹰结构"，或由日本、中国和韩国三足鼎立的鼎形结构，提高产业调整速度，共同实现向资本和技术密集型产业的升级；要在和平条件下提高区域合作紧密化程度，其中，"东盟＋中国＋日本＋韩国"的区域经济合作机制和组织的不断完善，平等互利基础上的亚洲货币基金组织的建立，将为东亚和整个亚洲经济的高效合作提供良好的平台。

---

[1] World Bank. （2012）, "World Development Indicators." Accessed April 10, http://data. worldbank. org/data-catalog/world-development-indicators.

[2] 程恩富、杨斌：《当前西方资本主义危机引发的困境及其出路》，《当代世界》，2012（5）。

（二）中亚经济贸易

谈到中亚经济，罗森鲍姆和史蒂芬·马克（Rosenbaum & Stephen Mark，2012）[1] 在维护公共池塘资源转型经济体中分析了中亚的经济形势，采用有证据主体的两个经济体在不同的过渡阶段进行的实验方法，这些研究结果对理论和实践都产生了影响。经验证据表明，合作的倾向、在公共池塘资源的困境是小的同质群体与有效的监督和制裁机制的结果。

事实上，多种非经济因素对中亚经济合作却起着关键性的制约作用，是中亚区域经济合作的软障碍。其中，政治因素对区域经济合作的制约包括：国家权力核心更迭中出现的社会资源分配矛盾的制约；政治制度复杂性的制约；法律法规不完善的制约；各国政府"重政治、轻经济"发展策略的制约。然而，仍然有些转型国家在这一进程中落在后面，其中就有哈萨克斯坦、乌兹别克斯坦、吉尔吉斯斯坦、塔吉克斯坦和土库曼斯坦。虽然从改革取得的进步来说，它们各不相同，但以欧洲重建和发展银行（EBRD）的标准来衡量，它们无一被视为市场经济国家。[2]

那么，在苏联解体后的中亚区域化模式是不是真的不同？利布曼·亚历山大（Libman Alexander，2012）[3] 和叶夫根尼·维诺库罗

---

① Rosenbaum & Stephen Mark（2012），"Safe guarding Common–Pool Resources in Transition Economies：Experimental Evidence from Central Asia"，Journal of Development Studies，November 2012，v. 48，iss. 11，pp. 1683–1697.

② Spechler，Martin C.（2012），"The Economies of Central Asia：A Survey"，Comparative Economic Studies，2012/50：30.

③ Libman & Alexander（2012），"Frankfurt School of Finance and Management and Russian Academy of Sciences"，Journal of Multinational Financial Management，July 2012，v. 22，iss. 3，pp. 55–65.

夫（Vinokurov Evgeny，2012）[1] 用一个新的和独特的数据集在该地区实际经济的相互依存关系程度的角度来看，中亚地区的区域经济一体化的前景。他们发现，中亚国家正在积极地创造与欧亚大陆的联系，尤其是与哈萨克斯坦等国的经济联系。中亚国家在区域一体化方面的优势，已经在最近几十年里迅速消失。

在许多方面，东亚呈现给中亚转型国家一个合适的参考模式。中亚地区政治方面的条件更像东亚地区快速增长开始时的政治模式，而不像西方发达国家。然而，中亚国家是否真的能分享类似东亚国家那样经济成功的经验，仍是一个大问题。直到今天，该地区的政府还未能证明它们是专注于经济发展的；也没有具体证据将中亚国家与众多未能跻身于发达经济体行列的发展中国家政府区分开来。

斯拜齐勒（Spechler，2012）[2] 指出，乌兹别克斯坦政府已公开宣称它要模仿日本和韩国，而非西方国家。这一承诺的可信度还有待观察，因为乌兹别克斯坦面临的外部威胁还不是特别强。要更深入地研究，就需要对中亚国家进行更彻底、详细的分析。然而，这些国家的可靠数据和对其的科学研究都相对缺乏，使得这一任务十分具有挑战性。另外，在分析中不但要运用最成功的"发展型政权"的例子，比如日本、韩国，也要运用最近正在追赶高收入国家的经济体的例子，比如马来西亚、印度尼西亚和泰国。这几个国家比它们的东北亚伙伴拥有更多的自然资源，也面临着更少的外部威胁。虽然这些国家相对缺少外来的限制，但它们仍取得了令人印象深刻的增长纪录。

---

① Centre for Integration Studies，Eurasian Development Bank，"evidence from the EU"，Multinational Business Review，2012（20）.

② Spechler，Martin C.（2010）"Uzbekistan：The Silkroad to Nowhere?"，Contemporary Economic Policy，2010b/18，3：295 – 303.

（三） 西亚经济贸易

古兰·蒂穆尔（Kuran Timur，2012）[①] 在研究中东地区的政治经济欠发达的根源问题时采用的是一个历史的视角。这次谈话确定了三个机制，发挥了重要作用。营利性民营企业仍然很少，短暂，难以形成稳定的联盟，能够与国家讨价还价。最后两个机制共同延迟了民间社会的崛起。

然而，西亚各国自然条件不同，经济发展的方式存在着很大差别，发展速度也非常不平衡。第二次世界大战以后，西亚经济发展最大的特点是石油工业发展迅速，产油国日益富裕。

西亚的海湾地区是世界上石油蕴藏最丰富的地区，如沙特阿拉伯、科威特、伊朗和伊拉克等国都是石油资源非常丰富的国家。可是，这里的石油财富过去一直为西方大国控制，没有给当地经济带来繁荣。西亚产油国同发展中国家的广大产油国一起，同西方石油垄断资本进行了长期的斗争。1960 年，由西亚国家发起成立的石油输出国组织，在国际事务中发挥了越来越重要的作用。

据 20 世纪 80 年代有关资料统计，西亚当时探明的石油储量占世界石油总储量的近 60%；其中，沙特阿拉伯、科威特、伊朗和伊拉克的石油储量都位居世界前列。同时，西亚还有丰富的天然气资源，储量约占世界天然气总储量的 1/3。海湾地区的石油富国利用丰厚的石油利润建设国家，人民的生活水平较高，而西亚其他国家相对比较贫困。

而在 2012 年，西亚各国经济发展在全球经济增长放缓的大背

[①] Kuran Timur. (2012), "The Economic Roots of Political Underdevelopment in the Middle East: A Historical Perspective", Southern Economic Journal, April 2012, v. 78, iss. 4, pp. 1087 – 1095.

景下呈现出明显的两极分化格局。叙利亚等国家受政治因素影响导致经济发展缓慢；沙特、卡塔尔等海湾国家依靠高额的油气出口收入实现了高速增长。进入 2013 年之后，总体而言，整个西亚地区经济表现仍然延续了这一态势。[①]

沙特阿拉伯、卡塔尔、阿曼、阿联酋等海湾国家的经济表现抢眼，在全球经济发展整体受限的大背景下仍然表现出了极强的增长势头。未来一至两年内，海湾国家国民经济将继续保持增势，高额的油气出口收入将进一步保障政府公共支出，驱动国民经济增长和财富积累。李玉梅、张薇薇（2012）[②] 认为，由于国际油价走势相对平稳，海湾国家石油出口收入减少的幅度将十分有限，其实际收入仍将远远高于过去 5 年的平均水平，而且政府支出保持强劲，因此海湾国家的综合经济表现不会受到大的影响。伴随高额的石油收入，海湾主要石油生产国将继续实现财政预算和经常账户盈余。有关数据显示，2013 ~ 2014 年，海湾合作委员会国家经常账户余额总计将超过 6000 亿美元。

高额的石油收入在支撑国家资产积累的同时，将通过政府支出等形式驱动海湾地区经济增长。相关数据显示，海湾国家的政府支出以 8% ~ 10% 的年增长率不断攀升，同时低通胀和高收入的整体环境意味着短期内各国政府不会对现行的扩张性财政政策做出调整，因此外界对海湾国家非石油部门的增长预期普遍乐观，预计增速在 5% 左右。[③]

① 黄薇、陈磊：《金砖国家汇率制度演进研究——兼论危机前后金砖五国汇率表现》，《世界经济研究》，2012（4）。

② 李玉梅、张薇薇：《金砖国家货币国际化进程比较分析及中国借鉴》，《国际贸易》，2012（4）。

③ 赵亮、穆月英：《东亚"10 + 3"国家农产品国际竞争力分解及比较研究——基于分类农产品的 CMS 模型》，《国际贸易问题》，2012（4）。

（四） 亚洲经济反思与展望

进入后危机时代，"再平衡"已经成为全球经济可持续增长的必要条件。作为"再平衡"的一方，美国经济已经开始调整：增加储蓄，减少消费。自国际金融危机爆发以来，美国的私人储蓄率已经从危机前的不足2%提高到5.3%。[①] 而作为"再平衡"的另一方，亚洲经济应该做出反向的调整：增加消费，减少储蓄。换句话说，亚洲经济需要对其多年的出口导向型发展模式做出调整。但现实中我们看到，亚洲经济的调整并未付诸实践。[②]

一个重要的原因就是，亚洲经济的率先复苏掩盖了调整的必要性。在危机后的复苏阶段，亚洲国家大规模的经济刺激政策取得了明显的成效，而中国经济复苏对亚洲经济的拉动进一步降低了中小型经济体调整的动力。对它们而言，美欧消费需求留下的缺口已经被中国需求完全弥补了，至于中国的强大需求来自何方，能否持续下去则不在它们的考虑范围之内。显然，这种短视的战略导向将难以适应后危机时代的发展趋势，如果说这一地区的小国对此可以不负责任的话，那么这一地区的大国对此必须有清醒的认识。

IMF最新的预测表明[③]，在2012年和2013年，区域经济表现预计从2011年开始是显著不同的。虽然亚洲新兴市场经济体预计比它们在2011年将有更好的表现，然而这样的表现不会等于一流的全球金融危机的增长率。受动态负面影响的亚洲经济体将比中国面临更大的经济放缓预期，贸易渠道比金融渠道的影响更大。通过

---

① Federal Reserve Bank of New York （2012）， "U. S. Economy and Financial Markets"， Nov. 21.

② David Andolfatto （2012）， "Liquidity Shocks， Real Interest Rates， and Global Imbalances"， Federal Reserve Bank of St. Louis Review，May/June 2012 pp. 187 – 195.

③ IMF. （2012）， "Global Imbalances and Financial Crisis：Financial Globalization as a Common Cause"， Journal of Economic Issues， June 2012.

贸易渠道比通过金融影响更大。

此外，俊尚俊（Jun Sangjoon）[①] 探讨了金融市场和1960~2009年的27个亚洲国家的产量增长之间的关系。他采用了最近开发的面板协整技术进行测试和评估实际国内生产总值和金融发展代理之间的长期均衡关系。根据不同的面板单位根检验和面板协整检验，结果发现，有一个统计上显著正向的金融发展与产出增长协整关系。实证研究结果表明，金融市场的发展促进产量增长，产量增长进一步刺激金融发展。

展望未来，第一，要顺应经济全球化趋势，深化改革和扩大开放。同时，又要从各自的实际情况出发趋利避害，确定合适的市场开放速度和进程。全球化犹如一把"双刃剑"，既能提供发展机遇，又会带来风险。亚洲经济能在过去30多年中实现腾飞和持续高速增长主要是因为亚洲许多国家和地区实行开放政策，与世界经济融合。从全球经济、金融和贸易活动中获得了更多的发展机遇和资金。但是，亚洲国家也尝到了经济全球化带来的苦果。亚洲金融危机爆发的一个主要原因就是许多国家的金融体系不健全，过于依赖国外资本和国际市场。这些国家在严格的金融监管和风险防范机制尚未建立的情况下过快地开放了金融市场，致使相对脆弱的金融体系受到了国际游资的强大冲击。第二，在国际市场竞争日益激烈的趋势下，要把促进出口和扩大内需结合起来。引进的外资也主要是长期直接投资。后来，一些国家在利用外资时，既未注意控制外债规模，又不重视外资结构的合理性，也没引导投资流向，设法避免短期资本大进大出的风险，终于沦为金融危机的重灾区。第三，要大力发展科教事业，努力提高科技水平和技术创新能力，不断调整产业结构，增强国家竞争力。过去，亚洲许多国家抓住机遇，凭借

---

① Jun Sangjoon（2012），"Financial Development and Output Growth：A Panel Study for Asian Countries Kangnam U"，Journal of East Asian Economic Integration，March 2012，v. 16，iss. 1，pp. 97 – 115.

其自然资源和廉价劳动力的优势实现了经济快速增长。然而，这些国家在追求发展速度的同时一度忽视了自身可持续发展能力的培养，科教事业发展相对滞后。产业结构未能及时升级，缺乏高科技产品参与国际竞争，且出口产品较为单一，最终导致竞争力的下降。这也是亚洲金融危机发生的深层原因之一。当今世界已进入知识经济时代，科技已成为第一生产力。依靠廉价劳动力发展经济的时代已经过去。广大发展中国家只有实施"科教兴国"战略，大力培养科技人才，努力提高科研开发和技术创新能力，积极发展高科技产业，才能适应 21 世纪经济发展的需要。第四，振兴经济要充分发挥市场和政府的作用，而政府在经济发展过程中要适时调整其职能，正确发挥对经济的宏观调控作用。亚洲经济虽然存在着需要解决的各种问题，但它依然充满活力和希望。如今，亚洲国家有着较为坚实的经济基础，只要认真总结经验教训，继续深化经济改革，加快结构调整，亚洲经济必将在 21 世纪的全球经济格局中占有更重要的位置。

二、 亚洲经济结构问题

（一）产业结构

赫尔穆特·贝斯特、弥里欧和佩特拉基斯·伊曼纽尔（Bester Helmut, Milliou Chrysovalantou & Petrakis Emmanuel，2012）[1] 研究了寡头垄断行业的创新动力，刻画了产业创新行为的演化路径和市

---

[1] Bester Helmut, Milliou Chrysovalantou & Petrakis Emmanuel (2012)，"Wage bargaining, productivity growth and long-run industry structure." Labor Economics，Vol. 19，No. 6，pp. 923－930，ISSN：0927－5371.

场结构的调整路径。企业在输出市场上通过提高生产率、降低劳动成本竞争。租金分享可能导致生产依赖性的工资差异。生产率增长导致溢出效应，随后影响创新激励。随着时间的推移，产业平衡逐渐稳定。

周、陈和蔡（M. Zhou, Q. Chen & Y. L. Cai, 2013）[①] 引入一个不精确的多目标规划模型，用于处理不确定性条件下的产业结构优化问题。IFMOP 模型是基于一个不精确的线性规划（ILP），整合制定模糊柔性优化（FFO）和多目标编程（MOP）。它改善了现有的产业结构优化模型的不确定性反射，优势模型耦合，数据的可用性和计算要求。该模型能处理不确定性和模糊集为离散的间隔，因此，它可以有效地反映动态的、互动的、复杂的，并没有不切实际的简化工业系统不确定性的特点。此外，该模型可用于支持各种环境和社会经济条件下的产业结构优化研究。该模型首次应用到中国山东省的南四湖流域规划产业结构。结果表明，该模型可以帮助决策者生成稳定和平衡的产业结构模式，获得对不确定性影响深入的见解，并对经济目标进行权衡，满足环境保护和社会需求。

孙晓华、王昀（2013）[②] 认为，在全球经济一体化和经济结构战略性调整的背景下，考察中国对外贸易结构对产业结构的带动作用具有重要价值。他们以对外贸易结构和产业结构的相关性分析为基础，基于半对数模型和结构效应，就对外贸易结构对产业结构的带动作用进行了实证检验。结果表明：从两大类贸易产品对三次产业的影响来看，工业制成品的进出口有利于降低第一产业比重，提高第二产业比重，这是中国工业化由初期向中期跨越的特定时期工业化发展战略和对外贸易政策的体现；从结构效应的角度看，进出

① M. Zhou, Q. Chen & Y. L. Cai（2013），"Optimizing the industrial structure of a watershed in association with economic-environmental consideration: an inexact fuzzy multi-objective programming model", Journal of Cleaner Production, Vol. 42, pp. 116 – 131.

② 孙晓华、王昀：《对外贸易结构带动了产业结构升级吗？基于半对数模型和结构效应的实证检验》，《世界经济研究》，2013 年（1），15 – 21，87。

口结构效应对产业结构升级存在显著的正向影响，但其发挥作用存在一定的时滞。

小川夫、埃尔默·斯特肯和得津一郎（Kazuo Ogaw，Elmer Sterken & Ichiro Tokutsu，2012）[①] 采用扩展输入输出分析，提出了一种新的调查金融机构和企业的资产负债状况恶化的传播机制的方法。首先，他们使用了一个独特的公司规模维度增强的输入输出表，然后连接输入输出表与金融机构和企业的资产负债表条件。基于日本输入—输出表，发现 20 世纪 90 年代末和 21 世纪初金融机构的贷款态度影响企业的投入决策。

1. 制造业发展

制造业是指，对制造资源（物料、能源、设备、工具、资金、技术、信息和人力等），按照市场要求，通过制造过程，转化为可供人们使用和利用的大型工具、工业品与生活消费产品的行业，直接体现了一个国家的生产力水平。

闫茹、闫增岗（2013）[②] 认为，一个国家或地区发展的快慢在很大程度上取决于其制造业发展的程度，其制造业的发展水平也直接反映该国家或地区的整体经济实力。中国随着世界经济一体化和工业制成品贸易自由化的发展，制造业的发展面临着国际大市场带来的机遇与挑战。在进行 SWOT 分析后提出相应的建议：利用外资的溢出效应，东西部并行发展；发展产业集聚；优化产业结构，促进制造业结构升级；做好传统制造业，发展高科技产业。

吕薇（2013）[③] 认为，中国正处于转变经济发展方式的关键时

---

① Kazuo Ogawa, Elmer Sterken & Ichiro Tokutsu（2012），"financial distress and industry structure：aninter-industry approach to the lost decade in Japan"，Economic Systems Research，Vol. 24，No. 3，pp. 229 - 249.

② 闫茹、闫增岗：《中国制造业分析研究》，《合作经济与科技》，2013（6）。

③ 吕薇：《从要素生产率指标看制造业增长方式转变》，《经济纵横》，2013（2），29 - 36。

期。随着生产要素成本的快速增加，资源和环境压力加大，人口红利下降，经济增速进入缓行期，高投入、高能耗、低成本的增长模式不可持续。转变制造业发展方式的核心是从资源消耗型向要素集约利用型转变，从依靠扩大投资和规模扩张向依靠技术进步、创新和要素升级转变，培育新的竞争优势，用较少的资源消耗创造更多的价值，提高经济增长质量和要素利用效率。

宾建成（2013）[①]认为，美国金融危机发生后，国际社会更加关注中国制造业的发展动向，中国正在成为"世界工厂"或"世界制造业中心"的呼声与日俱增，保持中国制造业持续增长可能对中长期全球经济政治格局演变产生重大影响。他探讨了新国际分工体系下"中国制造"的地位及未来发展方向与对策，认为，就目前的产业发展状况来看，中国的制造业主要处于产业价值链中附加值较低的下游生产部分，只能算是"世界加工厂"。"世界工厂"仍然只是中国努力的目标，而"世界代工厂"则是中国短期内合理的选择。欧美国家当前主张制造业回归，中国更应充分发挥本国生产要素的比较优势，借鉴欧美发展制造业的历史经验，促进中国制造业实现新的发展。

Tung Liu & Kui–Wai Li（2012）[②]探讨了1999~2007年中国制造业增长属性。制造业分为4组，并且4个地区的产出增长分解为四部分，投入的增长，规模效应，技术进步，技术效率的变化。将随机前沿模型应用到超越对数生产函数来测度技术效率。尽管传统说法上投入增长和技术进步是产出增长的重要因素，但实证结果显示了显著的规模效应而非弱的技术效率变化。劳动力对经济增长的贡献正被人力资本与物质资本取代。正如区域性失衡，工业部门结构转变是显而易见的。

---

① 宾建成：《新国际分工体系下中国制造业发展方向与对策》，《亚太经济》，2013（1），pp. 121–127。

② Tung Liu，Kui–Wai Li（2012），"Analyzing China's productivity growth：Evidence from manufacturing industries"，Economic Systems，Vol. 36，No. 4，pp. 531–551。

Guo Bin, Gao Jing & Chen Xiaoling（2013）[1]通过对 1998 ~ 2006 年间大、中型中国制造企业的行业层面的分析，他们引入了测量和确定行业级技术策略类的定量方法。他们探讨了技术战略、技术背景（技术差距、技术发展的速度与 FDI 存在）和对产品相关的知识与技术追赶绩效表现的相互作用的影响。关于产品相关追赶绩效，实证结果显示，当一个广泛的技术差距存在时，由于产业技术战略高度依赖外部技术来源，其对性能的影响不会那么严重。此外，当技术发展快速时，由于依靠内部研发与产品创新产业，其潜在性能产生的负面影响将更严重。外国直接投资的积极贡献更多地与知识追赶绩效相关。

2. 服务业发展

裴长洪（2012）[2]认为，从世界经济史演进历程来看，工业经济向服务经济过渡由三大规律决定：广义恩格尔定律、劳动生产率定律以及需求相似定律。通过对比亚非六国第三产业相对于第二产业的劳动生产率，分析中国发达城市第三产业相对劳动生产率，得出中国现代服务业发展的经验主要包括城市化推动、组织创新与商品市场功能培育和企业向服务型制造模式转型升级。促进经济转型升级与服务业发展的最重要一点是引进现代生产方式，即尽量使服务产业现代化，尽量提高服务业的劳动生产率，逐步完成中国现代服务业发展的六大改革任务。

拉帕其尼·马里奥、萨卡尼·尼古拉、佩索塔·吉乌迪达、伯格·托马斯和冈茨·瓦尔特（Rapaccini Mario, Saccani Nicola, Pez-

---

① Guo Bin, Gao Jing & Chen Xiaoling（2013），"Technology strategy, technological context and technological catch-up in emerging economies: industry-level findings from Chinese manufacturing", Technology Analysis and Strategic Management, Vol. 25, No. 2, pp. 219 – 234 ISSN: 0953 –7325.

② 裴长洪：《中国经济转型升级与服务业发展》，《财经问题研究》，2012（8）。

zotta Giuditta，Burger Thomas & Ganz Walter，2013）[1] 提出了一种新型评估提供产品服务的制造公司新的业务发展成熟度的模型。该模型采用五级评估，按以下方面评价关键要素：（1）管理过程和项目；（2）特定资源、工具和技巧的使用；（3）客户、供应商和其他利益相关者的参与；（4）绩效管理系统的应用。实证模型的应用是基于公司车间进行的深入访谈。该模型不仅可以描述一个公司开发流程的成熟度而且可以确定主要差距和优先改善行动。

薛勇军和刘培生（2012）[2] 认为，在整个中国产业结构中，第二产业所占比重最大，第一产业所占比重最小，三次产业呈现出二、三、一的顺序。在农业方面，中国政府自 1992 年以来采取了多项加快发展农业的改革措施（如资金融通和税收减免等），有效地促进了农业的发展并且较快提高了农民的收入；2006 年，中国政府采取"三补贴一减免"的政策（即宣布取消农业税，同时对种粮农民采取直补，并且对农民购置农机具和良种给予补贴），减轻农民负担的同时增加了农民的收入；农业生产布局进行了重大调整，逐步形成了主要农产品生产向优势产区集中的格局。在工业方面，目前已经形成了门类比较齐全的产业体系，主要行业包括传统的轻纺、服装、食品、机械电子、冶金石化和汽车、造船、航天等，一些行业的产品在世界工业中占有重要地位；在工业结构中，制造业占绝对优势地位，制造业的产值占工业产值的 70% 以上，占国民经济总产值的 1/3，产品从以内销为主，到目前内外销并重。在服务业方面，中国发展一直相对滞后。目前，中国的服务业涉及餐饮、零售、金融、信息、运输、法律及物业管理等多个方面，物流、信息和商务等生产性服务发展迅速，旅游、体育、文化娱乐、

---

① Rapaccini Mario，Saccani Nicola，Pezzotta Giuditta，Burger Thomas & Ganz Walter（2013），"Service development in product-service systems：a maturity model"，The Service Industries Journal，Vol. 33，No. 3 - 4，pp. 300 - 319.

② 薛勇军、刘培生：《中国与印度产业结构比较研究》，《东南亚纵横》，2012（7）。

教育培训和会展等新兴服务业也形成了一定的产业规模。新兴服务业虽然发展较快，但在服务业总产值中所占的比重仍然不高。在服务业构成中，批发零售、交通运输、金融服务和房地产行业占主导地位。其中，传统批发零售业所占比重自1990年以来虽然不断下降，但2009年依然高达20%左右。金融业近年发展成"V字"形态，1990~2004年不断下降，最低到8.4%，之后又连续回升到2009年的15%。信息、科技、教育和文化等知识含量高的服务部门所占比重依然较低。从服务业发展的布局来看，区域差异十分显著，农村服务业发展相当落后，东部、中部和西部地区发展也很不平衡，无论是服务业占GDP的比重，还是服务业的就业比重，都存在明显差别。

　　比埃格·萨宾、莱·冈特、萨克·克里斯托夫和扎莫·托马斯（Biege Sabine, Lay Gunter, Zanker Christoph & Schmall Thomas, 2013）[①] 认为，服务生产率已成为一个研究热点话题，但测量的概念发展到现在都很抽象。他们创造了一个测量和控制创新生产力、知识密集型服务业（KIBS）的要求目录，根据这些要求衡量生产力服务的现有概念。优势和劣势的概念将被作为进一步发展研究创新和知识密集型服务业生产率测度概念的基础。

（二）亚洲货币

　　谢楠（2012）指出，在全球区域性货币一体化趋势的影响下，亚洲区域内协调性不足，危机爆发时，更要求亚洲建立区域货币合作，自我掌握经济调节的主动权，通过区域货币合作，建立区域性金融市场的预警分析系统，对区域各成员国金融市场进行常规性监测；研究制定区域金融监管、信息披露等方面的共同标准与规则，

---

① Biege Sabine, Lay Gunter, Zanker Christoph, Schmall Thomas (2013), "Challenges of measuring service productivity in innovative, knowledge-intensive business services", Service Industries Journal, Vol. 33, No. 3 - 4, pp. 378 - 391.

加强各成员金融监管当局之间的交流与合作，以提高各成员在金融运行方面的透明度和监管的有效性；建立融资机制，分散和化解区域金融风险。通过集中成员国部分外汇储备，向国际收支出现困难的成员或对陷入金融危机和经济困难的成员提供短期融资支持和及时的紧急援助，以稳定其金融市场，防止引发区域性金融危机。

黄励岗、陈溪华（2003）[①] 指出，改革开放 20 多年来，中国 GDP 年均递增 9% 以上，成为世界上经济增速最快的国家。2002 年，进出口总额达 6208 亿美元，在国际贸易中的位次上升到世界第五位。世界银行最新数据表明，东亚地区 2002 年 6.7% 的经济增长率主要得益于中国经济的强劲增长。特别是中国实施扩大内需政策，不仅使 2002 年 GDP 增长率仍达 7.9%，而且为其他国家特别是周边国家和地区提供了投资和贸易的广阔市场。中国是一个经济大国，经济发展更多地依靠国内庞大的市场和不断成长的需求，这就更预示着中国经济的持续增长将对东亚地区乃至整个世界经济的发展起到积极作用。同时，也为人民币主导的亚洲货币一体化奠定了物质基础。

跨境贸易人民币结算，是指人民币作为国际结算货币在国际贸易中执行计价和结算的货币职能。张艳青（2012）指出，中国对外债实行总量管理，同时严格限制外债资金结汇。截至 2010 年 9 月末，中国外债余额为 5464 亿美元，比 2001 年年末增长 3431 亿美元，比 2009 年年末增长 1178 亿美元。其中，中长期外债为 1770 亿美元，占 32%；短期外债为 3694 亿美元，占 8%；登记外债 3265 亿美元，贸易信贷 2199 亿美元。2001 年以来，中国外债规模快速增长，这主要反映了随着外债规模不断增加，贸易项下融资增加，同时由于本外币利差和升值预期的存在，推动了境内主体负债外币化的操作。但因为外债增长慢于同期 GDP 和出口增长，负债率（外债余额/GDP）、债务率（外债余额/货物和服务贸易收入）

① 黄励岗、陈溪华：《亚洲货币一体化的前景分析》，《南方经济》，2003（11）。

总体趋降。2009 年年底，中国负债率和债务率分别为 8.6% 和 32.2%，分别较 2001 年下降了 6.7 个和 35.7 个百分点。鉴于这一状况，逐步开放人民币对外投资业务，同时要鼓励本国居民在对外投资时尽量使用人民币，这样能够有效地降低中国对外投资的风险，为此，中国政府有必要积极推进跨境贸易人民币结算的深入发展。近年来，人民币作为支付和结算的硬通货被广泛应用于中国与周边国家和地区的边境贸易中，目前中国政府正在通过各方面的努力提升人民币的境外可接受性，积极探索与所有"东盟 10 + 3"国家以及其他经贸往来密切的国家或地区签署双（多）边本币互换，因此，相对于其他国际货币，对东亚国家和地区来讲，人民币甚至是一种更好的"本土"国际货币。人民币在东亚的优势将不断扩大，其使用范围必将进一步延伸，人民币作为东亚地区的区域性货币地位日益得到巩固，并且为人民币主导亚洲货币一体化提供了可靠的保证。

三、 区域经济一体化与亚洲区域经济合作

区域经济一体化已成为国际经济关系中最引人瞩目的趋势之一，区域经济一体化是贸易伙伴之间市场一体化的过程，从产品市场、生产要素市场向经济政策的统一逐步深化。所谓"区域"是指，一个能够进行多边经济合作的地理范围，这一范围往往大于一个主权国家的地理范围。亚洲为了维护共同的经济和政治利益，实现专业化分工和进行产品交换而采取共同的经济政策，实行某种形式的经济联合或组成区域性经济团体。杨勇（2012）[1] 认为，区域经济一体化是区域内的利益分配机制，经济体都是通过让渡部分主权而获得收益补偿。

---

[1] 杨勇：《亚太区域一体化新特征与中国的策略选择》，《亚太经济》，2012（5）。

（一）亚洲区域经济一体化

杨勇（2012）认为，亚洲区域经济一体化特征有成员方利益取向的多元化，多边化趋势明显。宋兰旗（2012）[①] 认为，目前亚太区域经济一体化的进程尚处于起步阶段。惠安琪认为，亚洲经济一体化的条件与时机趋于成熟。

杨勇（2012）认为，中国参与区域经济合作主要着眼于经济收益，说明中国参与区域经济合作的目标定位层次较低。杨勇，胡渊（2011）[②] 认为，中国应明确制定参与 RTAs 的收益目标，合理设计推进 RTAs 的策略，努力扩展 RTAs 的协议内容，灵活安排区域合作的方式。罗格·堪杆斯（Roger Kangas）认为，着眼于区域市场，中国在远东地区包括更大的份额。

（二）中日韩经济贸易合作

马静、逯宇铎（2012）[③] 认为，随着世界服务贸易的迅猛发展和各国产业结构的不断升级，中日韩三国的服务贸易发展取得了举世瞩目的成就，进出口服务贸易额逐年增加。但是，各国的服务贸易结构也出现了不均衡的现象，且服务贸易逆差较为明显。方笑君、孙宇（2012）[④] 认为，亚太地区主导权之争加剧，区内大国博弈或成常态，区域经济一体化政治目的性凸显，区域意识淡薄，合作理念模糊，经济合作以功能性为主，制度性合作发展缓慢。姜跃

---

① 宋兰旗：《亚太区域经济一体化的进程与影响因素》，《经济纵横》，2012（12）。

② 杨勇、胡渊：《亚太区域经济一体化发展趋势与中国的策略选择》，《亚太经济》，2011（6）。

③ 马静、逯宇铎：《对外贸易结构与中日韩服务贸易比较研究》，《统计与决策》，2012（17）。

④ 方笑君、孙宇：《新时期亚太经济一体化进程分析》，《国际商务》，2012（4）。

春（2013）① 认为，亚太区域合作面临国际经济格局转变的新背景，西方经济模式受到挑战和质疑，新兴经济体在全球经济中的作用显著上升，世界经济中心正在向太平洋转移。徐梅（2012）② 认为，中日韩三国合作秘书处在韩国首尔正式开始运作，标志着三国合作机制向前迈出了重要一步。

方笑君、孙宇认为，亚洲地区政治安全困境难有突破，经济结构性矛盾突出，区内核心国家加强合作面临政治障碍，区内国家具有较大的差异性，区内各国长期存在各种分歧。王玉主（2012）③ 认为，中日韩合作面临的诸多挑战，特别是美国回归东亚、大力推动 TPP 给中日韩合作带来的负面影响。

崔宇明、王洋（2012）④ 认为，面对中日韩贸易合作中的问题，可采取共同推进，避免单边主导、分工合作，实现多边共赢、兼顾公平，差别对待壁垒，政府权利的部分让渡与适时干预相结合，建立有效的危机防范监控、预警及应对机制等。

徐梅（2012）认为，中日韩经济贸易合作对三国经济贸易将产生拉动效果，三国之间的合作是东亚及亚太经济整合的关键环节，也是实现区域经济一体化的重要前提，减少本地区对美国的依赖，改变由美国单边主导东亚发展的局面，最终为东亚区域经济一体化的实现和发展奠定政治基础。

---

① 姜跃春：《亚太区域合作的新变化与中日韩合作》，《东北亚论坛》，2013（2）。
② 徐梅：《中日韩 FTA 的进展、影响及前景探析》，《日本学刊》，2012（5）。
③ 王玉主：《以务实态度推动中日韩自贸区建设》，《环球视野》，2012（8）。
④ 崔宇明、王洋：《国际区域经济合作模式对中日韩经济合作先行试验区建设的启示》，《山东社会科学》，2012（10）。

第四章 "金砖国家"

2003 年 10 月，美国高盛投资公司在题为《与 BRICs 一起梦想：通往 2050 年的道路》（Dreaming with BRICs：The Path to 2050）的全球经济报告中预言：巴西将于 2031 年取代法国的经济位置，俄罗斯将于 2028 年超越德国，印度将在 2032 年超过日本，中国将在 2039 年超过美国，从而成为世界第一大国。如果不出意外的话，用不了 40 年，BRICs 将统领世界经济，全球新的六大经济体将变成中国、美国、印度、日本、巴西、俄罗斯。2005 年 12 月 1 日，高盛公司发布的新报告《BRICs 有多稳固》（How Solid are the BRICs?）称，BRICs 看起来确实比其他发展中国家进步要快，由此调整预测：中国将在 2040 年超过美国，比 2003 年的预测提前了一年。高盛公司的观点并非一家之言，早在 1988 年年初美国发表的"美国的'区别威慑'"报告，预测 2020 年中国的国内生产总值将居世界第二。美国前国务卿布热津斯基在《大棋局》中断言："中国，不论其具体前景如何，是一个日益崛起的潜在的主导性大国。"

一、"金砖国家"经济问题分析

2001 年 11 月，高盛集团首席经济学家吉姆·奥尼尔发表《全球需要更好的经济之砖》（*The World Needs Better Economic*），首次将巴西、俄罗斯、印度和中国的英语国名首字母连起来构造了BRICs 一词，BRICs 与英语 brick（砖）一词接近，金砖四国的概念由此形成并迅速走向国际社会。"金砖国家"作为新兴经济体的代表和发展中国家的"领头羊"，其经济增长表现可谓让世界惊叹。

（一）"金砖国家"经济发展状况

李玉梅、张薇薇（2012）[①] 认为，在后金融危机时代，发达经济体经济低迷，新兴经济体的发展令世界瞩目，以"金砖国家"为代表的新兴经济体已经成为全世界最具活力的增长力量。黄薇、陈磊（2012）[②] 指出，在发达经济体遭遇债务和高失业困扰、经济增长乏力的背景下，新兴经济体经济依然呈现快速增长、经济规模不断扩大的发展态势。以金砖五国为代表的新兴经济体在全球舞台上的地位得到提升。吕博（2012）[③] 在文章中说到，世界银行的统计数据显示，在 21 世纪的前 10 年，"金砖国家"（BRICs）整体的平均增长率超过 8%，远高于发达国家 2.6% 的平均增长率，也高于4.1% 的全球平均增长率。"金砖五国"（巴西、俄罗斯、印度、中国和南非）的人口总和近 30 亿人，占全球总人口的 43%；经济总量为 11 万亿美元，占全球经济总量的 16%；贸易总额为 4.6 万亿美元，占全球贸易额的 15%。

严怡宁（2012）[④] 指出，"金砖国家"作为新兴经济体的代表，在国际上发挥着越来越重要的作用，其合作也在向机制化方向发

---

① 李玉梅、张薇薇（2012）：《"金砖国家"货币国际化进程比较分析及中国借鉴》，《国际贸易》，2012（4）。

② 黄薇、陈磊（2012）：《"金砖国家"汇率制度演进研究——兼论危机前后金砖五国汇率表现》，《世界经济研究》，2012（4）。

③ 吕博（2012）：《"金砖国家"间的贸易和投资》，《国际经济合作》，2012（10）。

④ 严怡宁（2012）：《想象的共同体身份 "金砖国家"主流媒体涉华话语分析》，《外交评论（外交学院学报）》，2012（3）。

展。严怡宁在文章中力图探究在世界体系转型的当下，"金砖国家"在自身发展及合作机制化的过程中，对中国呈现何种认知和态度，是否与西方存在差异；其在何种国际框架下审视中国；金砖概念的强化是否影响"金砖国家"对中国的认知和态度；以及中国在这一话语转型过程中的对策。鉴于主流报纸话语的重要影响，文章从俄罗斯、巴西、印度主流报纸的涉华报道入手进行了涉华话语分析。

从全球增长态势看，"金砖国家"经济实力及对全球经济增长的贡献率不断提高，对发达经济体的依赖程度也逐渐降低。"金砖国家"对世界经济发挥着越来越重大的作用。

1. 巴西

按照罗伯托·杜马斯·达马斯（Roberto Dumas Damas）的看法，巴西经济发展经历了4个阶段。1945～1964年为第一阶段，在此时期，巴西的工业大发展，巴西经济主要靠投资拉动。但由于投资波动较大，导致经济增长大起大落。第二阶段是1964～1980年，在这个阶段巴西的经济创造了奇迹。随着巴西投资规模直线上升，其经济增长速度惊人。第三阶段是1980～1994年，巴西进入了经济迷失的阶段。其经济增长缓慢且波动较大，这给巴西经济发展带来了严重的破坏，不利于经济的持续和谐发展。第四阶段是1994年至今，是巴西重整时代。这个时期巴西投资率保持在60%左右，比较平缓。经济虽然增长缓慢，但波动不大，平均保持在1.5%的增长水平。

2. 俄罗斯

俄罗斯作为金砖四国中的重要组成部分，我们有必要研究俄罗斯的经济发展模式。L. 阿尼西莫娃（L. Anisimova，2013）[①] 指出，

---

① L. Anisimova（2013），"Controversial issues on management of the public debt"，Russian Economic Developments，No. 3，2013.

从 2008 年开始，俄罗斯实施从资源型经济发展模式向创新型经济转变的发展战略。主要包括以下 3 项内容：一是由注重追求经济增长规模和速度转向追求增长质量，特别是实现经济增长与提高人们的生活质量和社会福利密切联系起来。二是从进口依赖型转向进口替代性。三是从主要注重欧洲部分经济发展转向区域经济均衡发展。

3. 印度

印度在经济发展模式上不同于其他国家。森古普塔（Sengupta Jatikumar）[1] 在文章中分析了新的知识经济和印度的经济增长、工业增长的结构和潜在的在新经济中的工业生产力。并进行了行业效率分析，包括对选定的制造业的效率分析及其在新经济中的银行业的表现。印度试图开辟一条由信息化驱动现代化的跳跃式发展道路，这种模式是独一无二的。在对外贸易方式选择上，印度选择了对外投资和自由贸易。

4. 中国

中国的经济发展模式在突破 1993 年确定的传统工业化发展模式的基础上，提出新型工业化道路，从粗放型经济发展模式向集约型方向转变。当前确定的新型工业化道路就是要充分发挥资本、技术、人才在价值创造中的积极作用，实现经济可持续发展；对外经济实行由"引进来"向"走出去"转变，应用已有大量外汇储备，积极实施海外投资；追求贸易结构平衡。

针对"金砖四国"经济现状的比较，孙亮（2012）[2] 站在人类发展的视角，通过对金砖四国经济发展的指标分析，分别分析了四

---

[1] Sengupta Jatikumar, "India's economic growth".

[2] 孙亮：《金砖四国经济发展比较研究——基于人的发展视角》，《中国流通经济》，2012（2）。

国的基础指数（HDI）、经济水平、资源生态、体面生活。在基础指数（HDI）方面，他整合了来自联合国开发计划署（UNDP）2009 年人类发展报告中的数据，得出了俄罗斯、巴西整体优势明显，印度发展水平较低的结论。经济水平方面，他认为俄罗斯、巴西企稳复苏，中国、印度增长迅速。目前，人们广泛关注的资源生态方面，更是得出了巴西主导"绿色"发展，中国能源结构亟待调整的结论。最后，他从微观视角对人本身的发展进行了体面生活的比较，他认为公共服务仍需提升，贫富差距普遍存在。

（二）"金砖国家"经济问题分析

1. 经济增长模式

从经济拉动因素分析，投资、消费和净出口对四国经济的贡献作用表现出较大的差异。苏提尔托·南迪（Sutirtho Nandi，2012）[1]指出，发达国家处于水深火热之中，经济复苏的迹象似乎越来越遥远，新一波的经济增长的责任落在了"金砖四国"（巴西、俄罗斯、印度、中国）的肩膀上。这些国家将如何应对这个艰巨的任务，将取决于许多因素：其中之一是在他们抵港及离港的外商直接投资的发展趋势（FDIS）。作者分析了金砖四国在过去、现在和将来的直接投资政策及其对全球经济的影响。将金砖四国在过去 10 年的直接投资趋势和历史数据进行比较，探索在未来金砖四国的直接投资政策的变化范围（尤其是印度），预测其可能产生的影响。

李学文等（2012）[2] 在官员动机多样化的假设与官员集团集体

---

[1]　Sutirtho Nandi（2012），"Comparative Analysis of Foreign Direct Investment Trends in Emerging Economies"，Social and Behavioral Sciences，2012，Vol. 37，pp. 230 – 240.

[2]　李学文、卢新海和张蔚文：《地方政府与预算外收入：中国经济增长模式问题》，《世界经济》，2012（8）。

行动逻辑分析的基础上，融合已有学者的研究成果，提出了一个包容性更强的"中国转轨经济高速增长"的解释框架，讨论中央—地方制度规则变化下地方政府行为与经济增长的逻辑关系。他们认为，由于地方政府的权力没有受到有效约束，针对自上而下的制度变化，地方政府总会做出最有利于地方利益的行为反应。而广泛存在于地方政府活动中的"预算外收入"，成为地方政府集体行动的激励基础。无论是分税制前以"经营企业"为特征的地方保护主义经济增长模式，还是分税制后以"经营土地"为特征的土地发展主义经济增长模式，都产生于地方政府追求预算外收入的过程之中。尽管这种由地方政府主导的经济增长模式取得了显著的绩效，但也付出了巨大的代价。

孙琳琳、郑海涛和任若恩（2012）[①]在行业面板数据的基础上，从3个方面分析信息化对中国经济增长的贡献：ICT资本深化、ICT生产行业的全要素生产率改进以及ICT使用行业的全要素生产率改进。从研究结果看，信息化对中国经济增长的贡献主要体现于ICT资本深化的贡献以及ICT制造业的全要素生产率改进，ICT使用还未带来行业的全要素生产率改进。由于中国处于ICT扩散的初期，尽管ICT有着很高的扩散速度，但ICT资本水平相对发达国家还比较低，信息化将在未来促进中国经济增长和全要素生产率增长中扮演着越来越重要的角色。

2. 产业结构

阿卜杜勒·A. 伊姆班（Abdul A. Erumban，2012）[②]研究了结构转型和生产率的增长在金砖四国（巴西、俄罗斯、印度和中国）

[①] 孙琳琳、郑海涛和任若恩：《信息化对中国经济增长的贡献：行业面板数据的经验证据》，《世界经济》，2012（2）。

[②] Abdul A. Erumban, Gaaitzen J. de Vries, Marcel P. Timmer, Ilya B. Voskoboynikov, Harry X. Wu (2012)， "Deconstructing the BRICs – Structural Transformation and Aggregate Productivity Growth", Journal of Comparative Economics, May 2012 40 (2)：211 – 227.

从 20 世纪 80 年代起的影响。基于评估各种主要数据来源的可靠性和一致性的关键问题，他们建立了一个新的数据库，提供了详细的 35 部门水平发展趋势、增加值和就业。结构分解分析表明，中国、印度和俄罗斯的重新分配各部门的劳动贡献导致了总生产力的增长，而在巴西却不是这样的。这证实和加强了麦克米兰和瑞迪克（Rodrik）的结果。但这一结果又被推翻了，因为行业内的正式和非正式的活动之间是有区别的。

众多学者也认为，与发达国家相比，金砖四国第三产业占比普遍较低，其中以中国最为突出，尤其表现中低端行业和产品过剩，而高端行业和服务严重短缺，如中国粗钢产能过剩约 30%；水泥产能过剩 20% 多；电解铝、煤化工、平板玻璃、烧碱等产能也严重过剩（2008 年年底），而信息、咨询、科研开发、工业设计等新兴服务业严重供给不足、层次低、竞争力弱。

3. 汇率制度

在发达经济体遭遇债务和高失业困扰、经济增长乏力的背景下，新兴经济体经济依然呈现快速增长、经济规模呈不断扩大的发展态势。以金砖五国为代表的新兴经济体在全球舞台上的地位得到提升。但是，相比第一、第二产业的强势发展，这些后起之秀在金融等软实力产业方面的表现相对较弱。随着全球化进程的推进，汇率作为一国对外交换的主要制度，成为影响国内经济稳定发展的关键问题。

黄薇、陈磊（2012）[1] 分析了"金砖国家"汇率制度演进的过程，总结了其中的经验和教训，并对危机前后这五个国家主要汇率的变动进行了比较，以期为中国汇率制度的安排提供参考与借鉴。"金砖国家"主要汇率在全球金融危机前后的表现既有共性也有个

---

① 黄薇、陈磊（2012）：《金砖国家汇率制度演进研究——兼论危机前后金砖五国汇率表现》，《世界经济研究》，2012（4）。

性。这些基本特征说明了一个不争的事实，至少到目前为止作为国际货币的美元，其兴衰在很大程度上决定了新兴国家的汇率变动趋势。如何在不伤及自身经济发展的前提下，逐步脱离未来可能出现的长期弱势美元影响，将成为摆在新兴发展中国家面前的一道难题。

王立荣、刘力臻（2012）[1] 指出，2008 年爆发的全球性金融危机引发了国际社会对当前美元本位国际货币体系的反思。作为国际货币体系重要组成部分的国际汇率制度的改革成为后危机时期各国关注的焦点。在未来国际汇率制度的改革中，中国作为全球第二大经济体将发挥其积极作用，主要体现为夯实东亚货币合作基础、进一步推动区域性汇率合作机制建设，在此基础上构建东亚地区"混合驻锚"货币篮，并促进东亚各国共同盯住该货币篮，建立起东亚区域内外的汇率稳定机制。

4. 通货膨胀

近年来，受发达国家量化宽松货币政策造成的全球流动性过剩等因素的影响，主要新兴经济体巴西、俄罗斯、印度、中国，"金砖四国"都面临不同程度的通胀压力。"金砖四国"的通货膨胀问题不仅关系到自身经济的健康发展，也关系到世界经济的复苏和国际金融格局的变迁。因此，研究"金砖四国"的通货膨胀问题具有重要意义。

陶峰、任钢（2012）[2] 对全球流动性这一指标进行衡量，并选取"金砖五国"从 2000 年第一季度到 2010 年第四季度的通货膨胀数据进行加权平均，利用向量自回归（VAR）模型和脉冲响应函数分析全球流动性对"金砖国家"通货膨胀的影响。结果显示，全球

① 王立荣、刘力臻（2012）：《中国在未来国际汇率体系变革中的作用》，《当代经济研究》，2012（12）。

② 陶峰、任钢：《全球流动性对通货膨胀影响的实证研究——以"金砖五国"为例》，《中国物价》，2012（11）。

流动性确实对"金砖国家"通货膨胀具有一定影响；短期考察，全球流动性对金砖四国的通货膨胀存在正效应；但是从长期考察，会出现负效应，但最终这种效应逐步消失。

利宾斯加、安娜（Lipinska & Anna，2012）[①] 建立了三个国家的动态随机一般均衡模型（其中有两个石油进口国家和一个石油出口国家）分析了"金砖国家"生产力增长对其贸易伙伴国家 G7 的通货膨胀情况的影响。研究发现，外国生产率冲击导致本国通货膨胀持续下降 5 个季度，该研究分析基于本国和外国货币政策，金融一体化程度和石油生产比重。

5. 技术创新模式

众所周知，技术的创新是国家经济增长源源不断的活力。研究技术创新模式对研究"金砖国家"的经济发展状况有很大作用。国内外众多学者也针对"金砖国家"的技术创新模式做出了许多研究。Yang Li, et al（2012）[②] 在文章中指出，"金砖国家"与 G7 国家（美国、英国、法国、德国、日本、意大利和加拿大）的学科结构存在差异。近年来，"金砖国家"的学科结构已经变得与 G7 国家越来越相似。但 G7 国家的学科结构比金砖四国要更加平衡。此外，G7 国家更加注重生命科学，而金砖四国的重点学科则是物理、化学、数学和工程学。

---

① Lipinska, Anna（2012）, "Tailwinds and Headwinds: How Does Growth in the BRICs Affect Inflation in the G7?", International Journal of Central Banking, March 2012, v. 8, iss. 1, pp. 227 – 266.

② Yang Li, Yue Ting, Ding Jie, Han Tao（2012）, "A comparison of disciplinary structure in science between the G7 and the BRIC countries by bibliometric methods", Scientometrics, Nov2012, Vol. 93 Issue 2, p497 – 516.

（三）"金砖国家"的经济转型

1. "金砖国家"间的合作

欧阳峣等（2012）[1] 指出，中国与其他"金砖国家"外贸的"共享式"增长，是促进"金砖国家"合作的关键性引擎。中国与其他"金砖国家"在经济与贸易结构中的互补性明显，但由于"金砖国家"出口产品结构的调整升级，以及工业化进程所引致的相近目标产业的发展，它们在相互间的内部市场和外部市场的动态竞争态势逐步凸显。"金砖国家"需要通过产业链的"雁行"布局，构建互利共赢的贸易格局，以科技合作实现经济贸易结构的调整升级，以及通过中国的"出口转投资"模式，强化中国与其他"金砖国家"互补性占主导的贸易关系，实现外贸的"共享式"增长。贾杨 P. A.（Jayan P. A.，2012）[2] 在区域性国际关系和相互依存的时代，像巴西、俄罗斯、印度和中国（金砖四国）这样的组织可以在国际水平和地区水平扮演重要角色。最近的金砖五国峰会各级重申要加强各级合作。

2. 经济转型的方向

德·弗里斯和加阿蒂森·J.（De Vries & Gaaitzen J.，2012）[3] 研究了从 20 世纪 80 年代起金砖四国的结构转型及其对国家生产率增长的影响。数据分析表明，对于中国、印度和俄罗斯各部门进行

---

① 欧阳峣、张亚斌和易先忠：《中国与"金砖国家"外贸的"共享式"增长》，《中国社会科学》，2012（10）。

② Jayan，P. A.（2012），"BRICS：Advancing Cooperation and Strengthening Regionalism"，India Quarterly.，Dec 2012，Vol. 68，Issue 4，pp. 363 – 384.

③ De Vries，Gaaitzen J.（2012），"Deconstructing the BRICs：Structural Transformation and Aggregate Productivity Growth"，Journal of Comparative Economics，May 2012，v. 40，iss. 2，pp. 211 – 227.

劳动力的重新分配对生产率的增长有显著作用，巴西没有此结果。这证实了麦克米兰和罗德里克（McMillan & Rodrik，2012）的研究结果。然而，这个结果从 2000 年开始被推翻，经过改革后巴西的生产率得到了极大的增长，印度结果相反。

理查德·伯尔德（Bird Richard M.，2012）[①] 研究了"金砖国家"税收的权力下放即税收分散化问题。根据案例分析表明，任何国家政府之间的财政关系都是互相依赖以及敏感的。印度和巴西的非中央政府可以制定一些关键的税率行使其财政自主权；相比而言，俄罗斯目前不愿意地方政府行使财政自主权。

何菊香（2012）[②] 的研究结果从理论上支持金砖四国未来应该坚持更加自由开放的投资和贸易政策。为了探索 FDI 对新兴市场发展中东道国进出口贸易所产生的影响，对金砖四国引进 FDI 和进出口贸易的关系进行了比较研究，运用 Johansen 协整检验、误差修正模型与 Granger 因果关系检验法对 1980～2008 年间引进 FDI 与贸易的关系进行了实证检验，结果表明金砖四国 FDI 与贸易之间存在明显的互补而非替代关系，巴西、中国和印度的 FDI 具有显著的进出口贸易创造效应，而俄罗斯、巴西和印度三国的贸易发展能进一步促进 FDI 流入，从而得出了结论。

胡鞍钢、马伟（2012）[③] 在研究中认为，中国的特殊国情使中国经济社会转型的历史轨迹也不同于其他国家的演变道路，而是经历了一条独特的工业化与城市化道路：一是 1840～1948 年，从传统农业解体到城乡二元经济社会结构的漫长演变阶段；二是 1949～

---

① Bird，Richard M.（2012），"Subnational Taxation in Large Emerging Countries：BRIC Plus One"，International Studies Program，Andrew Young School of Policy Studies，Georgia State University，International Studies Program Working Paper Series，at AYSPS，GSU，2012，P. 51.

② 何菊香：《金砖四国 FDI 与经济增长关系的实证分析》，《管理评论》，2011（9）。

③ 胡鞍钢、马伟：《现代中国经济社会转型：从二元结构到四元结构（1949～2009）》，《清华大学学报》（哲学社会科学版），No. 12012（Vol. 27），2012。

1977 年，计划经济体制下的城乡二元经济社会结构分割和强化阶段；三是 1978～1991 年，农村改革和农村工业化迅速发展所伴随的二元经济社会结构开始解体，并逐步转向三元经济社会结构，即农业部门、乡镇企业部门、城镇正规部门；四是 1992 年之后，建立和完善社会主义市场经济体制和加速城市化发展所伴随的四元经济社会结构。面对新的四元经济社会结构，中国未来发展的基本方向就是城乡一体化、城市内部一体化、农村内部一体化，即经济社会一体化、趋同化和现代化，这就要求不断促进农业现代化、农村工业集聚化、农民工市民化、城乡居民基本公共服务均等化，真正实现"共同富裕"的社会主义现代化。

（四）总 结

从全球增长态势看，巴西、俄罗斯、印度和中国作为新兴经济体代表，近 10 年来其经济总体上保持了高于世界平均速度的增长率，"金砖国家"的经济实力及对全球经济增长的贡献率不断提高，对发达经济体的依赖程度也逐渐降低。"金砖国家"对世界经济发挥着越来越重大的作用。

"金砖国家"在经济增长上具有明显的优势。但是，通过对四国经济增长模式、产业结构、汇率制度、通货膨胀、技术创新模式的分析，可以发现四国经济格局各有特点，但仍然存在着较为严重的问题。为缓解和解决经济发展中出现的问题，经济转型成为"金砖国家"的必由之路。四国需探索出符合各国国情的转型方式，提高技术创新水平，扫清增长方式转变的体制障碍，强化内生增长力，消除各种阻碍并改善宏观调控。经济的发展能够带动"金砖国家"的全面进步，但发展方式的转变和优化需要四国进行不断地探索和完善。"金砖国家"应充分利用自身在经济增长中具有的优势，正视经济发展中存在的各种问题，认识经济转型的必要性，做出有效地调整使"金砖四国"的经济高效、可持续地发展。

二、"金砖国家"就业问题分析

（一）就业总量概况

1. 中国就业现状

徐永利（2012）[①]在文章中指出，中国劳动力资源丰富，改革开放以来，受到经济发展、产业结构调整、就业制度改革、就业基数、失业劳动力再就业、农村剩余劳动力转移、每年新增劳动力等状况的影响，就业人员增长程度不同呈现出明显的阶段性特征，改革开放初期至1992年前劳动力增长较为快速，而1992年后虽然劳动力总量增长较快但是增长速度较低。

由国家统计局统计，1978年中国经济活动人口40682万人，其中就业人员40152万人。随着人口的快速增长，2011年经济活动人口约为85050万人，其中就业人员76420万人。

国家统计局发布的《金砖四国联合统计手册（2012）》中写道：2000年全国6岁及6岁以上人口中小学教育程度以下的人口比例是47.72%，初中教育程度的人口比例为36.52%，高中及中专教育程度人口比例为11.95%，而大专以上人口比例仅占3.81%。2010年，中国在农业、林业、渔业的就业人口数27931万人，在工业（包括能源和建筑业）的就业人数21842万人，在服务业的就业人口数为26332万人。由此可见，虽然中国劳动力资源众多，但是受教育程度普通较低，人力资源存在较大的问题。中国就业主要集

[①] 徐永利：《"金砖四国"就业结构变动与产业结构偏离分析》，《苏州大学学报（哲学社会科学版）》，2012（4）。

中在第一产业同时服务业发展迅猛，就业人数超过了第二产业。[1]

2. 印度就业现状

张雨涛、杨文武（2012）[2] 指出，印度有大量的就业人口，巨大的劳动力资源为经济发展奠定了基础，但是劳动者人力资本水平均有待进一步提升，经济发展有待创造更多的就业岗位。据统计，2010 年经济活动人口为 40%，其中农业占就业人口的 532‰，工业占就业人口的 215‰，服务业占就业人口总数的 256‰。

温俊萍（2012）[3] 指出，由于存在大量的非正规就业组织，印度全部就业人口中有 93% 左右属于非正规就业。由于非正规就业的大量存在，印度不充分就业比率较高，同时失业农民比率较高，由于城市化所导致的大量失地农民涌入城市，逆城市化而行所导致的失业问题较为严重。20 世纪 90 年代相比 80 年代就业增长速度急剧下降，从 1983 年至 1993～1994 年年增长率为 2.04%，而到了 1993～1994 年至 1999～2000 年则只有 0.98%。相应的是劳动力增长率也从相应年份的 2.05% 下降至 1.03%。

3. 俄罗斯就业现状

朱桂梅在文章中描述自 21 世纪以来，俄罗斯的就业状况并不理想，失业率常年居高不下，如 2000 年 6 月底为 11.4%，失业人数为 836 万人；2002 年，俄罗斯官方登记的失业率为 8.5%，但隐性失业率却达到了 13.7%。到 2009 年 4 月，根据俄罗斯联邦统计局的初步统计，由于受到全球性金融危机的影响，俄罗斯的失业率再次上升为 10.2%，5 月稍有好转，降低为 9.9%。到 2011 年，俄

---

[1] 中国国家统计局网站：《"金砖国家"联合统计手册（2012）》。

[2] 张雨涛、杨文武：《印度经济产业结构的特性分析》，《南亚研究季刊》，2012（2）。

[3] 温俊萍：《印度农村就业保障政策及对中国的启示》，《南业研究季刊》，2012（2）。

罗斯失业率降至 6.6%，失业人口数为 500 万人。俄罗斯失业存在以下特点：①结构性失业问题严重；②摩擦性失业大量存在；③隐性失业十分普遍；④长期失业难找工作；⑤科技及其服务部门等失业现象较为严重；⑥各地失业水平参差不齐。

4. 巴西就业现状

据国家统计局最新统计，2009 年巴西经济活动人口数 9822.3 万人，经济活动人口数占总人口的 68.5%。其中，农业、林业、渔业就业人数为 1427.9 万人，工业就业人数为 1337.2 万人，贸易就业人数为 1613.5 万人，服务业就业人数为 3925.2 万人，可见服务业在巴西就业占很大比例。

丁赛尔（2012）[①] 指出，巴西失业率很高，占全国就业人数的 8.3%，25 岁以下人口失业率甚至达到了 18%。

可见，尽管服务贸易对巴西经济贡献很大，服务业就业人数多，但巴西的服务业在经济危机下仍没有牢固的根基。

（二）"金砖四国" 就业结构的变动态势及对比分析

作为新兴发展中大国的代表，"金砖四国"基于各自的比较优势，取得了举世瞩目的经济增长。四国的经济结构和产业结构，各自具有明显的特点，特别是在就业结构方面，发展和变动趋势既有相同之处，也存在一定的差异。

徐永利（2012）[②] 指出，巴西、俄罗斯、印度和中国都是劳动力人口的提供和需求大国，中国和印度的农业人口均超过本国人口总数的一半以上。从三次产业就业人数占就业总数的比重可以看

---

① 丁赛尔：《巴西外国人就业管理制度及对我国的启示》，《中国劳动保障报》，2012。

② 徐永利：《"金砖四国"就业结构变动与产业结构偏离分析》，《苏州大学学报（哲学社会科学版）》，2012（4）。

出，四国之间的就业结构存在着明显差异，与发达的西方工业化国家相比也存在一定的差距。四国第一产业就业比重，尤其是中国和印度，都要远高于发达国家；第二产业就业比重与发达国家差距并不明显；第三产业就业比重都低于发达国家的平均水平，还有很大的发展空间。

1. 中国

唐东波（2012）[①] 指出，中国的就业结构变动状况明显有别于巴西、俄罗斯，与印度较为相似，都是第一产业就业比重最大。但与印度不同的是，第一产业就业比重持续大幅度下降，第二产业和第三产业就业比重持续增加，三者差距在不断缩小，农业部门的劳动力转移被快速发展的制造业和服务业吸纳。

2. 巴西

吴友富、陈默和夏靖（2012）[②] 指出，巴西就业比重的变化并不明显，第一产业和第二产业就业比重基本维持在20%左右，第三产业就业比重接近60%，超过了第一产业和第二产业就业比重之和。巴西工业部门的现代化步伐比较缓慢，受投资不足的影响，新建扩建项目较少，使第二产业就业机会减少。在第三产业的就业结构中，劳动密集型的传统服务业，如批发零售行业、旅馆、饭店等行业所占比重过大，而为工业生产服务的现代服务业所占比重较低，因此吸纳了过半的劳动人口。

3. 俄罗斯

孙莹研究认为，从俄罗斯的变动状况来看，第一产业就业比重

---

① 唐东波：《中国的贸易开放——产业升级与就业结构研究》，博士论文，2012。
② 吴友富、陈默和夏靖：《金砖四国发展中存在的问题分析》，《上海管理科学》，2012（6）。

最低并且持续下降，第二产业就业比重接近30%，第三产业就业比重逐年增加，2011年达64.7%，超过了第一产业和第二产业就业比重之和。俄罗斯的工业主要是资金密集型的重化工产业，大中型企业较多，具有一定的就业吸纳能力。而在第三产业就业结构上，同样是传统服务业所占比重较大，运输仓储、批发零售和房地产业提供了持续的就业岗位。

IMF统计，俄罗斯农业人口相对不足，1992年农牧林业就业人口为1107.9万人，2011年锐减到560万人，减少了近50%，因此农村生产和就业形势并不乐观。

4. 印度

薛勇军、刘培生（2012）[①] 指出，印度是一个农业国家，由于人口增长过快，大量新增劳动力无法及时被相对落后的工业部门吸收，劳动力就业仍以农业产业为主。由于制造业本身发展相对滞后，难以发挥吸纳劳动力就业的作用。作为第三产业的服务业虽然比制造业吸纳了更多的劳动力，但远不如农业，也落后于巴西和俄罗斯。

印度第三产业虽然在产业结构中的比重较高，但是偏离程度非常明显，呈现"高产出、低就业"的状态。主要原因是由于近年来印度第三产业发展中，以软件服务业为代表的现代服务业占据了更多的份额，而这些技术密集型行业，对劳动力素质和技能的要求比较高，对劳动力数量的需求并不大，吸纳的就业人员较少，导致就业比重偏低。

（三）各国促进就业措施及目前存在的问题

各国为有效地促进就业，结合本国实际出台了促进就业的相关

---

① 薛永军、刘培生：《中国与印度产业结构比较研究》，《东南亚纵横》，2012（7）。

措施，在发挥一定作用的同时也存在一定的问题，有待在进一步的发展中有效地予以解决。

1. 中国

武唯（2012）[①] 指出，国家"十二五"产业发展规划已经提出产业调整升级的方向，应该在保障路径和实施监督方面尽快出台配套的措施。服务业方面应该大力发展具有地方特色和人口特色的服务业，例如促进地方文化、旅游资源的挖掘和利用，形成一大批具有民族特色和地方特点的服务产业模块，在带动产业发展的同时也可以更好地解决就业问题。同时，加快推进医疗保险的社会化、全民化和持续化，倡导科学合理的消费观念，推动居民消费增长，以消费需求促进第三产业的繁荣。特别是应该建立物流产业体系，形成规模化经营，在降低流通渠道成本的同时，带动服务业、工业和农牧渔业的发展。

中国在促进就业的过程中，不同程度上存在着一定的问题，总量问题与结构矛盾并存。因此，顾淑花，李晓霞（2012）[②] 指出，对于中国而言，存在的问题包括有待进一步更加充分地发挥经济发展创造就业岗位的作用，不断提高政府促进就业的效率与改进完善促进就业的办法，更加充分地发挥劳动力市场配置劳动力资源的基础性作用，持续提升劳动者人力资本水平，有效协调产业结构调整升级与扩大就业，尽快出台有效促进创业的政策体系，更充分地发挥创业带动就业的重大作用。同时，一些促进就业政策的负面作用将逐步积累与显现，随着经济社会发展将出现一些新的就业问题与"瓶颈"，未来一段时期就业总量与结构矛盾共存并可能进一步恶化，劳动者总体人力资本水平较低与经济社会发展需求的矛盾将更

---

① 武唯：《十年一剑磨砺出积极就业政策》，《中国人力资源社会保障》，2012（8）。

② 顾淑花、李晓霞：《就业困局与突破——当前中国就业情况的解读和改善》，《甘肃科技》，2012（10）。

加突出，劳动力市场竞争日趋激烈，率先实现社会就业比较充分也将面临较为严峻的挑战。①

2. 印度

对于印度而言，其面临的就业问题同样严重。温俊萍（2012）② 指出，由于制造业难以发挥吸纳就业的重大作用，对于印度而言，仅靠农业与服务业的发展吸纳就业较为有限，而且虽然服务业人力资本水平较高，但总体而言人力资本水平较低，对于促进经济发展的总体作用较为有限。非正规就业在促进就业发展与影响就业发展等方面同样突出，大量的非正规就业在扩大就业的同时，也为进一步保护劳动者权益与扩大就业造成了障碍。

3. 俄罗斯

经过多年的努力，俄罗斯已基本形成了一套居民就业保障体系和方法。任钢、许源丰（2012）③ 认为，俄罗斯实行积极的劳动力市场政策：如劳动力市场培训，据悉，俄罗斯设立了近百个职业培训中心，对失业人员进行职业培训、转业培训和技能提高培训，以使失业者达到重新就业的目的；启用补贴措施，根据俄罗斯《居民就业法》的规定，失业人员可以领取救济金，失业救济中心负责向失业者发放由国家就业基金提供的失业补贴；自主就业，为了使那些想自己创业的人员实现梦想，俄罗斯实施了自主就业计划。公民可以从事企业家活动，他们有机会更充分地展示自己的才能，并获取高额收入。

---

① 顾淑花、李晓霞：《就业困局与突破——当前中国就业情况的解读和改善》，《甘肃科技》，2012（10）。

② 温俊萍：《印度农村就业保障政策及对中国的启示》，《南亚研究季刊》，2012（2）。

③ 任钢、许源丰：《俄罗斯经济现代化面临的经济形势分析》，《黑龙江社会科学》，2012（3）。

除此以外，俄罗斯还选择公共就业工程。国家出资为困难群体尤其是长期失业人员和青年工人提供临时就业机会的工程，包括社区建设、植树、建筑等工作。制定有关就业保障的法律。为使劳动者的就业权利得到更加广泛的保护，国家实施旨在促进居民实现充分就业和拥有自由选择就业权利的政策。积极支持中小企业的发展。近年来，俄罗斯中小企业的发展在创造就业岗位方面发挥了较大的作用，成为扩大就业的重要渠道。实行促进青年就业计划。为了使学生掌握独立的求职能力，在实践中掌握劳动技能，为日后寻找工作打下良好的基础，俄罗斯自 1995 年起实行了促进青年就业计划，对他们进行自我心理保护方面的培养。

4. 巴西

吴友富、陈默、夏靖（2012）[①]认为，为应对"失业危机"，巴西政府果断采取了下调银行存款准备金率、追加信贷资金投放、启动国家投资银行等措施，以保持金融体系健康运转、增加市场流动性、保障企业生产所需的信贷资金。与此同时，政府还加大国家基础设施建设项目的公共投资。政府还对受金融危机影响较大的产业采取了扶持政策。

巴西政府在应对"失业危机"时特别强调，劳动者是最大的受害者，重视优先保护低收入阶层，保障劳动者的权益。例如，在为汽车工业减免工业产品税时，政府敦促企业降低汽车售价，让民众切实享受减税的实惠。在拉动民用建筑业方面，政府的投资主要倾向于给低收入阶层提供购房补贴和低息购房信贷。

[①] 吴友富、陈默和夏靖：《金砖四国发展中存在的问题分析》，《上海管理科学》，2012（6）。

（四） 如何更好地解决金砖四国的就业问题

徐永利（2012）[①] 在其文章中写道，就业和产业有着极大的关系，就目前四国第一产业比重，都要远高于发达国家，第二产业就业比重与发达国家差距并不明显，第三产业就业比重都低于发达国家的平均水平这一现象来看，我们必须加快产业的升级调整，从根本上解决就业问题。下面是几点建议：（1）必须"在充分发挥市场机制的基础性作用的同时，积极进行政府干预，发挥政府的引导与协调作用"，从制度和政策上以强制、引导和激励的方法，加快第三产业的发展和第二产业的调整，吸纳更多的劳动力就业。（2）优化三次产业内的结构质量。温俊萍（2012）[②] 认为，农业产业应该注重改善生产方式和经营方式，以产业化大农业为方向，提高农业的生产效率，减少对劳动力的需求。工业发展应该更加均衡，增加扶持吸纳就业能力较强的中小企业和民族企业的力度，并逐步促进其扩大规模。工业结构调整应强调技术升级和产业升级，开发新兴产业项目。此外，还要充分发挥市场机制的有效调节作用，放松或取消对某些可竞争行业的管制政策，允许和鼓励个体、私营和外资等非国有经济进入垄断性服务行业，形成与国有企业相竞争的局面，促进生产性新兴服务业的发展，增加就业机会。（3）推进城市化进程，促进结构调整。维尔纳·贝尔（Baer Werner，2009）认为，城市化进程对产业结构的影响是显而易见的，目前四国城市化水平明显偏低，城市的集聚效应和就业功能都无法满足经济的快速发展。由于大多数服务业属于城市服务业，城镇建设的容量自然就决定了服务业的规模。因此，一方面应该加快中小城市扩容和城镇改造，

---

① 徐永利：《"金砖四国"就业结构变动与产业结构偏离分析》，《苏州大学学报（哲学社会科学版）》，2012。

② 温俊萍：《印度农村就业保障政策及对中国的启示》，《南亚研究季刊》，2012（2）。

形成一批"以大城市为龙头、中小城市为骨干、小城镇为依托的城市群，为新兴服务业的多角度扩张和第三产业的多层次发展创造有利条件"；同时，要逐步放松对农村人口城市化的政策限制，减少劳动力流动的壁垒和成本，提高城市和农村的就业转移效率，使得产业结构与就业结构在城乡之间达到逐步均衡和优化。（4）培育劳动力市场，改善就业结构。吴友富、陈默和夏靖（2012）[1] 指出，劳动力就业结构的调整和改善，一定程度上会受到劳动力素质和配置体制的影响，因此应该强化教育部门和人力部门的职能作用，采取各种有效措施，在不断提高劳动力素质的同时，建立培育劳动力流动的市场体系，降低劳动力在产业间以及产业内流动的转移成本，实现劳动力资源的优化配置，提升整个产业的运行绩效和创新能力，使产业结构优化具有内生动力和保障，从而提高各国就业率，解决就业问题。

（五）结语

金砖四国在解决就业问题取得一定成效的同时也存在着较多的问题，同时四国有效促进就业的方法也值得互相学习借鉴。对于四国而言面临的共同问题是，如何有效地发挥经济发展创造就业岗位的重大作用，不断提升劳动者人力资本水平，及时调整升级产业结构，以协调发挥制造业与服务业吸纳就业的重大作用。高德利·拉媞卡等（Chaudary Latika et al. , 2012）[2] 以比较的眼光提出了 4 个最大的发展中经济体（中国、俄罗斯、印度、巴西）在 20 世纪初人口庞大与公共基础教育薄弱的反差，通过最新的调查数据和政府

---

① 吴友富、陈默和夏靖：《金砖四国发展中存在的问题分析》，《上海管理科学》，2012（6）。

② Chaudary Latika et al. （2012），"Big BRICs, Weak Foundations：The Beginning of Public Elementary Education in Brazil, Russia, India, and China"，NBER working papers，February.

部门数据分析，得出了一国政府对公共基础教育传播的重要性，然而，"金砖国家"在这方面的力度不够。除此以外，要素禀赋、殖民主义以及政治经济特征也是影响"金砖国家"公共基础教育的重要因素。

因此，在不断发展经济的同时，应采取提高劳动者自身素质，加强职业培训；制定有关就业保障的法律，保护劳动者的就业权利，提高社会知法水平；加强对中小企业和服务业的资金、政策支持，扩大就业渠道；大力发展教育，提高劳动者知识水平等措施都能有效促进四国就业。

三、"金砖国家"贸易问题分析

（一）"金砖国家"对世界的影响

1. "金砖四国"出口表现

金砖四国（巴西、俄罗斯、印度、中国）在过去的 20 年间已经扩大了它们的出口部门。它们的出口业务量从日用品到知识扩展产品。拉什·V. 马托和 M.J.R·蒙托亚（Raj V. Mahto & M. J. R. Montoya，2013）[①] 从两个业务途径（Markowitz 模型和单一指数模型）来评估出口多样化战略。结果表明，中国的出口业务超过了巴西、印度和俄罗斯的业务。中国有很强的多样化形式，而且在四个国家中展现了最高的效率。同时，本文得出了一些关于"金

---

① Raj V. Mahto；M. J. R. Montoya（2013），"BRIC national export performance portfolio approach Raul Gouvea"，Journal：Journal of Chinese Economic and Business Studies 2013 - 2 - 1.

砖四国"的结论对世界政治经济的影响：（1）出口产业可以作为
地理政治影响的衡量标准。（2）"金砖四国"出口大致表现了中产
阶级的经济行为。（3）中国与"金砖四国"相比的优势，特别是
它丰富的产业，很大程度上代表了全球经济形势。

2. "金砖国家"的农业发展

布罗西格和斯蒂芬·伊伯等（Brosig & Stephan Teuber et al.，
2013）[①] 提供了一个新的思路，即农业经济在新兴经济体巴西、俄
罗斯、印度和中国（金砖四国）的特殊功能。农业经济的特殊功能
使"金砖国家"关于农业的兴趣增加，这些国家从千年之交以来，
改变了其发展农业的意义。它们在金砖四国的经济和社会发展过程
中融入了世界农产品贸易以及环境问题。同时，文章介绍了在金砖
四国的经济、社会和农业发展中的关键人物，以及它们在不同国家
间的比较。

3. 成立"金砖国家"开发银行正当其时

2008 年金融危机后，在世界经济的艰难复苏中，新兴市场经济
体尤其是"金砖国家"间的合作不断加强，在世界经济发展和全球
治理结构改革中的地位和作用呈现不断提高的趋势。"金砖国家"
拟成立开发银行就是在这一大背景下提出的。面对现状，关雪玲、
张猛（2012）[②] 提出以下优点，首先，有利于深化"金砖国家"经
贸合作，加强各国共识和理解。其次，有利于促进国际货币体系改
革，提升新兴经济体话语权。最后，有利于完善中国外汇储备格
局，加速人民币国际化。谋求成立"金砖国家"开发银行及其相关
协议本身就是加强"金砖国家"经济金融合作的一次有益探索，有

---

① Brosig, Stephan Teuber, Ramona Levkovych, Inna Thiele, Rainer Glauben, Thom-
as, Journal of Agricultural Economics. Feb2013，Vol. 64 Issue 1，pp. 145 – 150.
② 关雪凌、张猛：《成立"金砖国家"开发银行正当其时》，《中国金融》，2012
（18）。

助于各方强化共识、挖掘潜力、增进合作，但是在前进的道路上也同时面临着多方面的制约因素。第一，"金砖国家"内部经济贸易发展不平衡。第二，"金砖国家"开发银行领导权难以确立。第三，缺乏国际性金融机构的组建经验。第四，面临适应全球化趋势的艰巨任务。

（二）南非加入"金砖国家"的贸易趋势

1. 南非加入"金砖国家"合作机制的背景、影响与前景

南非出于发展经济、推动对非议程、参与全球治理等因素的考虑，多次表示希望加入由巴西、俄罗斯、印度和中国 4 个发展中大国组成的"金砖四国"（BRIC）组织。南非加入"金砖国家"合作机制，对于南非加强与其他"金砖国家"的经贸合作、推进"金砖国家"对非关系、深化"金砖国家"合作机制等具有一定的意义。鉴于南非与其他"金砖国家"的合作存在较强的基础，且符合南非国家利益的需求，南非与其他"金砖国家"的关系有望获得持续、深入发展。[①]

2. 从金砖四国到南非的贸易冲击

穆斯塔法·雅乌兹（Mustafa Yavuz，2013）[②] 研究了南非和金砖四国（巴西、俄罗斯、印度和中国）之间的贸易联系。我们将南非和金砖四国在 1995Q1～2009Q4 期间的数据，套用一个全球性的向量回归模型（VAR 全球），调查了贸易联系的程度和冲击之间的

---

① 徐国庆：《南非加入"金砖国家"合作机制的背景、影响与前景》，《亚非纵横》，2012（3）。

② Mustafa Yavuz. "TransAtlantic Petroleum Announces 2013 Capital Expenditure Budget and Production Guidance，Provides Operations Update，and Announces Organizational Enhancements"，Economic Modelling 2013 2.

连带关系。该模型包含了 32 个国家，并有两个不同的估计：第一个由 24 个国家和一个地区（欧元区 8 个国家）；第二估计包含 20 个国家和两个地区（"金砖四国"视为一个经济体和欧元区 8 个国家）。结果表明，我们的重点经济体之间存在贸易联系，但国家之间幅度不同。每个"金砖国家"受到的冲击，与其在南非的进口和输出有相当大的关系。

（三）"金砖国家"贸易比较分析

1. "金砖国家"贸易竞争力的比较分析

李永刚（2013）[①] 从传统经济学视角分析了经济增长、经济人口、财政赤字、人均可支配收入和汇率分别对一国贸易规模的理论影响，并利用 2001～2012 年"金砖五国"的相关经济数据，采用现代经济学方法研究了各变量对五国贸易规模的定量影响。研究发现，在"金砖五国"中，贸易竞争力最强的是中国，其次是俄罗斯，之后分别是印度、巴西和南非。从贸易竞争力来看，虽然经济增长、经济人口、财政赤字对中国贸易规模的推动作用强于其余四国，但是人均可支配收入对对外贸易规模产生正向作用最大的国家是南非，对中国几乎无影响。另外，汇率升值对对外贸易规模产生负向作用最大的也是中国。因此，在短期内中国可能继续保持较强的贸易竞争力，但若从长期来看则不一定。

2. "金砖国家"国际储备的比较分析

近年来，"金砖国家"的崛起引人瞩目，与此同时，五国积累

---

① 李永刚：《"金砖五国"贸易竞争力的比较分析》，《经济社会体制比较》，2013（1）。

了巨额的国际储备。文章避免构建主观性较强的适度规模测算模型，通过比率法对"金砖国家"的国际储备进行横向和纵向的比较分析。并对未来 5 年内"金砖国家"国际储备的变动趋势进行预测。实证研究发现，中国的国际储备明显过量，印度和俄罗斯的国际储备处于相对适宜的水平，巴西和南非的国际储备规模有所不足。"金砖国家"内部的国际储备分布呈现不均匀的态势，凸显了"金砖国家"区域货币合作的合理性和重要性。[①]

3. "金砖国家"服务贸易竞争力比较及其合作研究

在全球产业结构深度调整和贸易自由化进程深入推进等因素的影响下，服务贸易逐渐成为国际经贸竞争的新领域，而"金砖国家"的崛起尤其值得关注。文章用数据描述从"金砖国家"服务贸易发展比较，到用 TC 指数与 RCA 指数进行服务贸易竞争力比较研究到最后对"金砖国家"贸易合作途径与合作机制对"金砖国家"服务贸易的现状、发展与合作进行了研究与探讨。[②]

4. 探索创新技术预测研究的影响：以"金砖四国"为例

梁灿、达因（Leong Chan & Tugrul Daim，2012）[③]从创新的角度对"金砖四国"的技术预测项目进行全面回顾，提到了"金砖四国"在技术上面临的问题和挑战，同时提出对其他新兴国家提供技术和创新的见解。这篇论文探讨了对"金砖四国"的技术预测活动。文章从预测研究的最新趋势入手，包括时代模型、方法与创新的连接和全球化的影响。案例分析部分的重点将在"金砖四国"技术预测的发展上。同时，对"金砖四国"等新兴国家一些常见的技

---

① 梁顺：《"金砖国家"国际储备的比较分析》，《商业时代》，2013（1）。

② 李杨：《"金砖国家"服务贸易竞争力比较及其合作研究》，《亚太经济》，2012（2）。

③ Leong Chan & Tugrul Daim（2012），"Sectoral innovation system and technology policy development in China：Case of the transportation sector"，Journal：Futures 2012.

术预测问题特点进行了概括。

(四) "金砖国家" 贸易合作趋势

1. "金砖四国"，独立或群体？

近年来，许多国家已经建立了更突出的发展援助项目。这些新兴捐赠者一般是低收入和中等收入国家，并且与传统捐助者相比存在更复杂的多边协调框架。文章主要讨论这些日益重要的捐助者是否将集中或挑战传统的捐赠行为规范。戴恩·罗兰兹（Dane Rowlands，2012）[1] 提供了两个主要发现。首先，尽管证据不完整，它表明这群新兴捐助者构建了一个特殊的集体替代现有的援助结构，尽管这些国家很可能在发展援助方面提供新的视角，丰富和改善我们的理解与实践。其次，它表明俄罗斯的情况，从"新兴捐助国"和"传统捐助国"的角度提出了理论概念的弱点。

2. "金砖国家" 货物贸易特点与合作发展愿景

薛荣久（2012）[2] 首先分析了"金砖国家"的货物贸易特点：中国、南非、印度和俄罗斯货物贸易依存度较高，巴西较低；货物贸易对象外部主要是美国、德国、日本、英国、荷兰，内部是中国；贸易高速发展，在世界货物贸易中比重较快上升；对世界和中国货物、服务贸易差额变动不一；在货物贸易结合度上巴西居首，中国最后；货物贸易互补性与竞争性交错，有的逆转。文章对"金砖五国"货物贸易的合作发展愿景与建议进行论述：具有扩大合作基础的意愿；化解和减少对中国的货物贸易摩擦和争端；中国提高

---

[1] Dane Rowlands（2012），"BRICS or blocs? Convergence and divergence amongst new donor nations."Journal：Cambridge Review of International Affairs 2012.

[2] 薛荣久：《"金砖国家"的货物贸易特点与合作发展愿景》，《国际贸易》，2012（7）。

对外直接投资段位，东道国应减少投资壁垒；加强机制化合作与建设；加强数据库建设，重视专向人才的培养。

3. 金砖四国：推进合作，加强地域性

在区域性国际关系和国家间相互依存的时代，在今后几年里，像巴西、俄罗斯、印度、中国和南非（"金砖国家"）的组织可以发挥其真正的作用。最近的金砖五国峰会重申合作的重要性。"德里宣言"被称为一个更具代表性的国际金融体系，增加发展中国家的代表性和发言权，并建立和完善公正的国际货币体系，可以为所有国家，包括新兴经济体和发展中经济体服务。此外，这些经济体具有经济快速增长的经验，为全球经济复苏做出重大贡献。在变化的情况下，这些在区域界限之外的"金砖国家"在区域合作中树立了一个标杆。中国在联合国的常任理事国地位，使"金砖国家"更具战略性和务实性，加强其在 21 世纪的外交政策方面的参与。同样重要的是经济参与的政治领导能力和远见。[①]

4. "金砖国家"间的贸易和投资

世界银行的统计数据显示，在 21 世纪的前 10 年，"金砖国家"（BRICS）整体的平均增长率超过 8%，远高于发达国家 2.6%的平均增长率，也高于 4.1%的全球平均增长率。"金砖五国"（巴西、俄罗斯、印度、中国和南非）的人口总和近 30 亿，占全球总人口的 43%；经济总量为 11 万亿美元，占全球经济总量的 16%；贸易总额为 4.6 万亿美元，占全球贸易额的 15%。2010 年，"金砖国家"对世界经济增长的贡献率超过 60%，其中仅中国的贡献就达到 30%。在一定意义上，"金砖国家"成为全球经济复苏的领跑者。2012 年 4 月，国际货币基金组织（IMF）发布的《全球经济展

---

① Jayan, P. A. (2012), "BRICS: Advancing Cooperation and Strengthening Regionalism", India Quarterly, Dec, Vol. 68 Issue 4, pp. 363–384.

望》显示，2011 年，中国、印度和俄罗斯的经济增长率分别为
9.2%、7.4% 和 4.1%，均高于 3.8% 的全球经济平均增速，只有
巴西和南非略低于平均值，但也远高于发达国家 1.6% 的平均水
平。[①]

5. "金砖国家"多边经济合作的新趋势

"金砖国家"正在推动改革世界银行、国际货币基金组织等国
际金融机构，倡导多边主义和国际关系民主化，维护发展中国家的
权益。在建立国际经济新秩序过程中，"金砖国家"致力于创立多
元化和更加稳定的国际货币体系，"金砖国家"对促进发展和世界
经济复苏做出了贡献。"金砖国家"将在保持世界经济稳定方面发
挥更重要的作用。[②]

6. "金砖国家"发展自由贸易区的战略冲突与利益协调

自由贸易区是多边贸易体制的有效补充。实施自由贸易区战略
是当今世界各主要经济体的主要政策选择。"金砖国家"也在积极
推动自由贸易区建设，以加深其对外经贸联系。文章通过分析"金
砖国家"发展自由贸易区的战略重点、利益诉求、推进方案，试图
寻找彼此之间的共同利益、潜在冲突和冲突根源。由于"金砖国
家"对自由贸易区的功能定位、认知及利益诉求存在明显差异，其
战略利益冲突不可避免。短期内"金砖国家"存在着被排斥在彼此
的自由贸易区建设之外的可能性。因此，建议建立相应的利益评估
与冲突化解机制，积极倡导建立"'金砖国家'自由贸易区"，扩
大经贸合作，夯实共同利益基础。[③]

---

① 吕博：《"金砖国家"间的贸易和投资》，《国际经济合作》，2012（10）。

② 汪巍：《"金砖国家"多边经济合作的新趋势》，《亚太经济》，2012（2）。

③ 蔡春林、刘畅：《"金砖国家"发展自由贸易区的战略冲突与利益协调》，《国际
经贸探索》，2013（2）。

7. "金砖国家"经贸合作关系的定量分析

近年来，"金砖国家"之间双边经贸关系得到快速发展，对其现状和潜力进行深入分析具有重要的现实意义。陈万灵、韦晓慧（2013）① 运用显性比较优势指数、贸易结合度指数、经常市场份额模型等方法，利用2001~2011年的统计数据，对"金砖国家"双边经贸关系进行量化分析，得出了各个国家经贸关系密切程度的结论，据此提出了改善"金砖国家"双边及多边经贸关系的建议。

8. "金砖国家"能源合作机理及政策路径分析

在全球经济越来越关注的能源领域，无论从能源消费总量还是能源效率方面来看，"金砖国家"都已占据重要地位，能源合作已成为新时代促进"金砖国家"间经济合作的重要途径。刘文革、王磊（2013）② 通过分析金砖各国最新的能源生产和消费情况，并结合能源合作的经济效应分析，指出"金砖国家"应从加强能源需求管理、建立实质性能源合作机制、共同开发新能源等方面广泛开展能源合作。

9. "金砖国家"经贸合作面临的机遇和挑战

为了克服传统基于显性比较优势指数的非对称性缺陷，赖平耀、武敬云（2012）③ 基于对称性显性比较优势指数构建了对称性相对贸易优势指数，根据该指数确定了"金砖国家"各自的优势产业和劣势产业，进而确定"金砖国家"相互间具有高贸易增长潜力

① 陈万灵、韦晓慧：《"金砖国家"经贸合作关系的定量分析》，《经济社会体制比较》，2013（1）。

② 刘文革、王磊：《"金砖国家"能源合作机理及政策路径分析》，《经济社会体制比较》，2013（1）。

③ 赖平耀、武敬云：《"金砖国家"经贸合作面临的机遇和挑战》，《统计研究》，2012（2）。

的行业。为了进一步准确地衡量"金砖国家"间的贸易竞争和互补状况,本文基于对称性显性比较优势指数构建了"对称性贸易互补性指数"和"对称性贸易竞争性指数",利用这两个指数从细分的产业层面研究确定了"金砖国家"内部任意两国之间竞争(或互补)的广度和深度。最后,根据实证研究结论提出了深化"金砖国家"合作的对策建议。

(五) 中国与其他"金砖国家"间的贸易问题

1. 中国在"金砖五国"中的贸易竞争力对比分析

李永刚(2013)[①]选取2000~2010年中国、巴西、俄罗斯、印度和南非五国相关经济数据,利用计量经济模型分析经济增长、物价水平、经济人口、财政赤字、人均可支配收入和本币汇率分别对各国贸易规模的影响,进而分析中国在"金砖五国"中的贸易竞争力。研究发现,经济增长和物价水平促进中国对外贸易的效应比巴西、俄罗斯、印度和南非大,而经济人口、财政赤字、人均可支配收入和汇率提高阻碍中国对外贸易的效应比其余四国大。最后,提出相应政策建议。

2. 破解中国与其他"金砖国家"贸易摩擦难题

"金砖国家"人口占世界的40%,经济总量占世界的近20%,对外贸易额占全球的15%。"金砖国家"日益成为维护地区和世界和平与稳定的重要力量,应该通过对话和交流增强政治互信,充分照顾彼此的重大利益和关系,成为国际上相互尊重、平等协商的典范,永远做好朋友、好伙伴。对已形成共识的问

---

① 李永刚:《中国在"金砖国家"中的贸易竞争力对比分析——基于2000~2010年面板数据模型分析》,《人文杂志》,2013(1)。

题，要大力协同加以推进。对一时难以形成共识的问题，要循序渐进地积累合作条件。文章从中国与其他"金砖国家"经贸关系的当前形势出发，详细分析了各类经贸摩擦产生的深层次原因，并就缓解与其他"金砖国家"的贸易摩擦提出了务实的对策。这些对于如何继往开来，更好地推动"金砖国家"相互合作迈向新台阶有所启迪。①

3. 拓展中国与其他"金砖国家"贸易往来的策略研究

后危机时代，欧美等主要发达国家经济复苏缓慢，与之形成鲜明对照的是以"金砖国家"为代表的新兴市场国家发展势头强劲，成为带动世界经济增长的重要力量。中国能否把握机遇，积极开展与其他"金砖国家"之间的贸易往来，成为影响中国经济平稳、快速发展的重要因素。文章基于贸易竞争性和互补性指标对中国与其他四个"金砖国家"进行测度，找出中国较其他"金砖国家"在外贸领域的优势、劣势及贸易结合点。同时，基于测算结果为中国更好地开展与其他"金砖国家"之间的贸易往来提出了对策建议。②

4. "金砖国家"货币国际化进程比较分析及中国的借鉴

在后金融危机时代，发达经济体经济低迷，新兴经济体的发展令世界瞩目，以"金砖国家"为代表的新兴经济体已经成为全世界最具活力的增长力量。然而，以"金砖国家"为代表的新兴经济体至今仍受制于美元主导的国际货币体系，如何改变这一现状，探索谋求与它们的经济实力和国际地位相匹配的国际货币地

---

① 桑百川、郑伟和徐紫光：《2012 年中国利用外商直接投资展望》，《中国经贸》，2012（4）。

② 郑伟、徐紫光：《拓展中国与其他"金砖国家"贸易往来的策略研究——基于贸易竞争性和互补性分析》，《中国市场》，2013（2）。

位越发重要。李玉梅、张薇薇（2012）[①] 首先呈现了"金砖国家"国际化战略的提出过程，然后将"金砖国家"货币国际化进程进行比较，从而分析出结论与借鉴意义：第一，仍应谨慎开放资本账户。第二，加快人民币汇率市场化改革步伐。第三，发展人民币离岸金融市场。第四，完善支付清算系统。第五，提高国内金融实力。

四、"金砖国家"产业问题分析

（一）金砖四国崛起的重要影响

姚淑梅、姚静如（2012）[②] 首先从 2002 年以来世界经济进入快速增长周期、普遍注重深层次体制改革、推动国内经济市场化和国际化、中国的巨大需求 3 个方面总结了金砖四国崛起的原因，并从对世界经济的影响力，在全球治理中的地位，与发达国家经济增长保持接轨及其发展将面临的挑战方面分析了"金砖国家"对未来世界经济格局的影响。

胡可（2012）介绍"金砖国家"经济快速发展中人口劳动力资源所起到的重要作用。本文立足于人口地理学的基本理论，采用文献分析、统计分析和比较研究等方法，从"金砖国家"基本国情的分析入手，对"金砖国家"的人口地理要素进行了全方位的比较研究。

[①] 李玉梅、张薇薇：《"金砖国家"货币国际化进程比较分析及中国借鉴》，《国际贸易》，2012（4）。

[②] 姚淑梅、姚静如：《"金砖国家"的崛起及其发展前景》，《宏观经济原理》，2012（8）。

（二）单一国家的产业结构研究

1. 中国

关于中国产业研究，中国学者在其中做出了巨大的贡献。

郑若谷、干春晖和余典范（2010）[①] 将产业结构和制度引入随机前沿生产函数的分析框架中，探讨了产业结构和制度对经济增长的影响。研究发现，产业结构和制度不仅对经济规模产生直接的影响，而且通过对生产要素的资源配置功能发生作用，影响其产出效率，从而对经济增长产生间接影响。并指出，改革开放以来，产业结构和制度对经济增长的作用具有明显的阶段演进特征。

2. 巴西

巴西产业结构看来相对比较清晰，但同样存在其弊端。

瑞吉斯·伯纳利和阿尔曼多（Regis Bonelli & Armando Castelar Pinheiro，2006）[②] 从巴西工业结构的长期趋势分析偏离了将制造业产业发展模式分成 8 类后的估算。遵循正常的发展模式方法，模型将每个部门的制造业附加值的部分加总作为一个函数：包括人均收入、制造业的劳动生产率、国家人口、工业化程度和 GDP 份额中的进口和出口。作为发展模式估算值的样本包括不同发展水平的 80 个国家从 1980～1995 年的数据，并把每 5 年作为一个分界点。复原的结果显示：（1）随着时间的推移，稳定的工业发展模式是存在

---

① 郑若谷、干春晖和余典范：《转型期中国经济增长的产业结构和制度效应——基于一个随机前沿模型的研究》，《中国工业经济》，2010（2）。

② Regis Bonelli and Armando Castelar Pinheiro（2006），"New Export Activities in Brazil：Comparative Advantage，Policy or Self－Discovery?"，Research Proposal for the Project-the emergency of new successful export activities in Latin America sponsored by IADB's Latin American research，March.

的。（2）巴西的产业结构显示了在大多数制造业工业群中表现为一个集合朝着估算的正常模式的运动。而少数的例外情况在文中进行了分析。考虑到确定的集合运动，一个投影演习被以人均收入和劳动生产率的可能性长期执行，结果强调了产业结构的稳定性对那些工业为主国家的重要性。

3. 印度

印度虽然发展不及其他国家，但其发展过程中同样有其可喜之处。

马克·费兹林、易兰·艾伦、吉姆斯·P.庄森和比亚尼·亚拉杰什·K.（Fetscherin, Marc, Ilan Alon, James P. Johnson & Pillania, Rajesk K., 2012）[1] 测量和分析了印度的行业出口竞争力并试图实现通过设计一种多维测量尺度来说明印度产业出口竞争力。他们通过建立框架考虑不同行业的行业专业化、产业的出口增长速度和相对出口市场份额的数据集。最终分析确定了4种不同类型的行业组织，即国内静态、动态和全球静态、全球动态。结果表明，大多数的印度工业都是有活力的，近期研究表明，他们的增长速度比世界出口增长率还要快。与世界平均水平对比，印度工业像丝绸、地毯和纺织品、地毯、珍珠、宝石和金属这种高度专业化行业的40%都是非常全球性的。作者指出，行业专门化带来了其在全球出口市场份额中的优势。印度的全球动态的行业主要在原材料、大宗商品和熟练的手工劳动产品而不是在高科技或制造业。

4. 俄罗斯

俄罗斯在金砖四国中相对发达一些，它的产业结构调整为其发

---

① Marc Fetscherin, Ilan Alon, James P. Johnson and Pillania, Rajesh K., Export competitiveness patterns in Indian industries. Competitiveness Review. 2012, Vol. 22 Issue3, pp. 188–206. 19

展起到了巨大的作用。郭连成、杨宏和王鑫（2012）① 表示，在经济全球化进程中快速发展的投资自由化和生产国际化，一方面大大加快了国际直接投资的发展，极大地促进了生产要素的跨国界流动和产业转移；另一方面，推动了全球产业结构的不断调整和产业格局的变化，也使一国的产业结构变动与全球产业发展和产业结构调整密切相关，各国之间产业发展的关联度增强，他们将俄罗斯产业结构调整和产业发展置于全球这一大背景和趋势下加以分析；探讨了俄罗斯三次产业构成的调整与变动；高新技术产业发展推动产业结构"软化"问题；服务业快速发展助推产业"高服务化"问题以及产业结构"软化"趋势下第二产业内部结构升级的困境。

五、"金砖国家"金融问题分析

"金砖国家"作为新兴的经济体，对国际政治格局起着越来越重要的作用，金融业的发展程度也对国际金融业有着举足轻重的作用。以金融为线索，分别对巴西、俄罗斯、印度、中国所取得的经济成果加以分析。

（一）"金砖国家"金融体系比较分析

首先，从金融机构来看，经过多年发展，"金砖四国"已建立起相对完善的以银行为主导的金融机构体系，银行业整体实力显著提升、资产质量有效提高、服务能力逐年增强、国际影响力也不断提升。在英国《银行家》杂志 2010 年 7 月发布的全球前 1000 家银

---

① 郭连成、杨宏和王鑫：《全球产业结构变动与俄罗斯产业结构调整和产业发展》，《俄罗斯中亚东欧研究》，2012（6）。

行中，按 2009 年一级资本排名，金砖四国共有 161 家银行榜上有名，其中中国 84 家、印度 31 家、俄罗斯 30 家、巴西 16 家。而按总资产排名的前 100 家银行中，四国也有 18 家之多。金融服务的可得性可通过每千平方公里或每十万成人的商业银行营业网点数量或自动存取款机数量、存贷款余额占 GDP 比重等指标来衡量。2005～2009 年，"金砖四国"在银行服务可得性方面取得较大进展，单位面积或单位人口的银行营业网点数量呈增长趋势，四国存贷款余额占 GDP 比重都有显著增长，表明四国金融服务能力明显增强。

其次，资本市场。比较来看，"金砖四国"证券市场各有特点，中国市值最大，印度上市公司数量最多，巴西国际化程度最高，已经有 8 家外国公司在国内上市，印度也已开始允许外国公司在其国内上市。

再其次，货币政策框架的比较。稳定物价是"金砖四国"货币政策的共同目标，但该目标的相对重要程度会依经济环境而变化。尽管四国发展阶段比较相似，但四国货币政策框架存在不少差异。从未来趋势来看，四国货币政策操作整体上将逐步淡化总量控制转向间接市场化操作。

最后，汇率制度和货币可兑换性。巴西采取的是自由浮动的汇率制度，俄罗斯实行有管理的浮动汇率制度，参照美元和欧元对卢布汇率进行管理。印度也实行有管理的浮动汇率制度，但汇率浮动没有预定的区间。中国实行有管理的浮动汇率制度，近些年汇率弹性显著增强。从未来趋势来看，为适应经济发展的需要，俄罗斯、印度和中国的汇率弹性将不断增强。至于货币可兑换性，"金砖四国"于 20 世纪 90 年代先后承诺履行国际货币基金组织的第八条款，除个别项目外，基本实现了经常项目可兑换。但在资本项目可兑换程度上，四国有较大差异。在风险可控的前提下，逐步扩大资本项目的可兑换程度，有助于新兴市场国家充分利用国内外"两个市场、两种资源"，增强经济社会发展的可持续性。

1. "金砖四国"市场与美国市场的比较

马居姆德等（Majumder et al.，2012）[1] 认为，一个今天有效的市场，明天将仍然有效。然而，当市场受投资者情绪掌控，市场便不再有效。此外，它们可能持续的时间任何人都无法预测。这种低效率的证据在大型新兴市场巴西、俄罗斯、印度和中国显现，同时也发生在一些美国的发达国家市场。当一个市场的低效和情绪的掌控在一个投资者的决策中起主导作用，评估任何现有的资产定价模型，将产生一个次优的风险和收益的关系。标准定价技术将引导一个理性的投资者为他的新投资，或重新分配的旧投资做出错误决策。现在，存在一个补救方法，我们已经制定了一个模型，该模型包含了市场情绪在内的、标准合理的资产定价模型。

2. 金砖四国和美国金融危机：股票和债券市场的实证调查

比安科尼等（Bianconi et al.，2013）[2] 通过审查每天的数据，从2003年1月~2010年7月，来自金砖四国的股票和债券行为的实证证据。我们提出无条件和有条件的实证结果取决于一个简单的措施，即美国的财政压力。巴西和俄罗斯的股票和债券回报与美国的财政有明显的负相关性。

3. "金砖国家"的国家风险评级

金砖五国（巴西、俄罗斯、印度、中国和南非）目前被视为相对的政治、经济和金融稳定性的支柱，未来的世界强国的一个重大转变的前景。文章旨在调查金砖四国的国家风险评级的经

---

[1] Majumder et al. (2012)，"Variants of fluctuation analysis identify long-range dependent and L-stable returns"，International Review of Financial Analysis 2012 – 9 – 1.

[2] Bianconi，Marceloi；Yoshino，Joe A.；Machado de Sousa，Mariana（2013），"BRIC and the U. S. financial crisis：An empirical investigation of stock and bond markets"，Emerging Markets Review. Mar2013，Vol. 14，pp. 76 – 109. 34p.

济，金融和政治之间的关系和各自国家的股市在世界主要股市和石油市场的存在代表风险因素。结果表明，只有在中国股市是敏感的因素。财务风险评级通常比经济和政治风险评级表现更灵敏，金砖四国中，巴西显示出特殊的经济和金融风险的敏感性，而俄罗斯和中国保持强有力的政治风险的敏感性，印度表现出对高油价的敏感度。[①]

（二）金融监管体系特点、改革和合作

1. 金融危机后金融监管体系改革措施

巴西：改进监管机构的信息披露制度，以期在公司治理方面得到改进，提高金融机构的透明度；按照国际上的做法，进行风险监测，评估和监测金融机构的日常活动，特别是信贷资金、流动资金、金融市场及其业务；在金融机构成立之时，监管当局要对金融机构的经济状况、商业计划、公司治理结构等方面进行可行性分析；在监管的同时引入审计部门；加强与其他国家的金融监管交流；等等。

俄罗斯：（1）促进银行向中小型企业提供服务；（2）加强信贷机构监管法律框架建设；（3）加强信贷方面的监管；（4）控制外国资本对本国银行的冲击；（5）提高银行管理水平；（6）提高银行技术监管水平；（7）增加与外国监管机构的交流合作；（8）完善信贷结构的清算程序和清算银行资产的有效机制；（9）加强对洗钱活动的监管力度。

印度：金融危机发生以前，印度政府已经采取了一系列措施加

---

① Shawkat Hammoudeh, Ramazan Sari, Mehmet Uzunkaya, Tengdong Liu （2012）, "The dynamics of BRICS's country risk ratings and domestic stock markets, U. S. stock market and oil price", SciVerse Science Direct 2012 1.

强印度银行体系的灵活性和稳定性，包括限制银行体系的风险部门，适当平衡不同资产的风险权重，建立审慎的规章制度等。在金融危机期间，印度政府继续采取审慎的监管标准，与国际标准接轨，加强对银行客户的保护，采取反经济周期的审慎监管方式，加强财政政策的使用力度。印度金融监管理事会还会采取以下措施稳定金融市场：加强最低资本充足率中资本数量和质量的监管；运用宏观审慎分析方法研究经济和金融体系，对金融机构进行风险预警；加大对复杂性大型银行的监管；加强对私人银行的风险监管；加强公司治理；开发新的金融衍生工具；减少金融工具会计准则的复杂性等。

中国：一是成立国际金融危机应急小组，建立银行业金融机构风险提示制度；二是要求银行业金融机构成立法律应对小组来保护债权人的利益；三是加强信息披露制度；四是建立监管合作机制，对外资银行进行排查；五是出台如《商业银行并购贷款风险管理指引》、《关于银行建立小企业金融服务专营机构的指导意见》等一系列政策措施；六是帮助银行业金融机构强化内部风险管理。

2. 金融监管模式

金融监管模式是指一个国家金融监管有关职责和权力分配的方式和组织制度的总称。一国的金融监管模式反映了该国金融监管的总体架构。选择合适的金融监管模式不仅可以使一国的金融监管体系更加完善和科学，而且可以减少金融监管的成本，提高金融监管效率。因此，研究金融监管模式的选择对于一国金融监管有着十分重要的意义。综观世界各国的金融监管模式，大致可以归纳为三种类型，即分业监管模式、统一监管模式和部分统一监管模式。近20年来，由于相关数据的获取难度，国内外关于金融监管模式的实证分析不多。大部分国家在实施监管整合的过程中都遇到不少实际问题，如有经验的监管人员流失，法律法规不匹配，新成立的统一监管机构不得要领，等等。这些问题反映出监管的整合并非易事，对管理方面的挑战也不可小视，如果整合过程不能顺利进行，那么，潜在的风险就是这个过程会出现很大的麻烦。在这 15 个样本国家中，银行和证券行业的监管整合普遍比银行与保险之间的整合成功得多。他们的调查也表明，只有很少的国家能真正建立起一个统一的监管框架，将金融系统所有领域的监管活动实质性地理顺和统一起来。主要原因是：一方面由于这些新设立的统一监管机构并没有参与过那些老的监管机构的设计过程，所以，他们需要花更多的时间才能把这些机构统一起来；另一方面，在全球范围内，缺乏一个统一的对银行、保险和证券行业的监管标准，这使任何国家在本国实现统一监管变得异常困难。

国内关于金融监管模式的研究主要集中在三类监管模式的定性比较分析上，鲜见关于金融监管模式的实证分析。金融危机后，国际金融监管当局开始对金融体制进行深度改革，在改革的大趋势下，巴塞尔委员会针对金融危机中呈现出的问题发布了大量新协议修改和更新的征求意见稿，内容涉及银行稳健性、流动性风险管理、市场风险管理、交易账户新增风险等多个领域。

3. 金融监管合作

第一，金砖四国金融一体化状况。

截止到 2008 年年底，已有印度国家银行、印度银行、印度巴鲁达银行 3 家机构在我国开设分行。目前，没有中国的银行到印度开设分行。

1993 年，中国银行在俄罗斯开设全资附属行。2007 年，中国工商银行莫斯科分行开业；2009 年 2 月，俄罗斯外贸银行（VTR）在上海市开设分行，成为第一个在我国开设分行的俄罗斯金融机构。

2008 年 10 月，中国银行在巴西开设分行，成为首家获准在巴西乃至南美洲开展业务的中资银行。目前，许多巴西的银行、证券公司、投资银行在中国设立了办事处，并拟设立分行。巴西一大贝贝亚银行是巴西第二大上市银行，已在上海市设立代表处。

第二，金砖四国因金融溢出效应可能导致危机传染。国际危机传染理论告诉我们，四国金融机构之间互为代理、互设分支机构以及边境地区银行之间的合作，将产生溢出效应。一是通过直接的银行信贷传染。二是通过间接的共同贷款者效应传染。三是国际银行间多边支付清算系统传染。另外，通过国际证券市场间投资、股权关系以及通过四国金融机构之间由于贴现、承兑、担保等业务形成债权债务关系或者有债权债务关系，都可造成危机传染。

（三） 金砖四国经济实力提升对国际金融的影响

尽管四国国际金融话语权增大，但仍缺乏实质影响。长期以来，金砖四国在国际金融组织中的份额和投票权很弱，最近几年才有提高。例如，2010 年 4 月 25 日，世界银行新一轮增资以后，中国整体投票权从 2.77% 上升到 4.42%，居世界第三位。其中，中国在国际金融公司的投票权从 1.02% 提高到 2.29%，仍位于美国、日本、英国、法国、德国之后。

金砖四国国际收支经常项目不同，在国际经济不平衡中的作用有差异。中国、俄罗斯持续顺差，印度、巴西则为逆差，但中国、印度、俄罗斯的外汇储备都积累较快，大量投资美国等发达国家金融市场，对弥补美国的经常项目逆差都发挥了重要作用。

为进一步提高国际金融实力，促进经济持续、稳定增长，金砖四国应致力于以下几个方面：

（1）加快国内金融改革，大力发展金融市场。（2）进一步密切四国之间以及四国与其他新兴经济体的贸易投资，促进经济共同发展。（3）加强政策协调，推动国际货币金融体系改革。

（四） 金融危机下金砖四国的发展

从美国"次贷危机"引起的华尔街风暴，现在已经演变为全球性的金融危机。这个过程发展之快、数量之大、影响之巨，可以说是人们始料未及的。大体上说，可以划分成三个阶段：第一个阶段是债务危机，住房贷款人不能按时还本付息；第二个阶段是流动性危机，债务危机导致有关金融机构不能有一个及时足够的流动性应对债权人变现的要求；第三个阶段是信用危机，人们对建立在信用基础上的金融活动产生怀疑，造成这样的危机。

利用 2003 年 1 月到 2010 年 1 月的数据来分析研究从而得到金砖四国的股票和债券行为的实证证据。我们提出的无条件的和有条件的实证结果取决于美国的金融压力的一个简单方法。从长远来看，金砖四国债券市场的偏离更多来自美国的金融压力的措施和金砖四国债券和股票之间的偏离。巴西和俄罗斯的股票和债券回报的相关性较大。[1]

迪美迪斯·肯诺吉尔斯（Kenourgios Dimitris）[2] 研究了金融危机在新兴市场国家的蔓延，结果表明"金砖国家"市场更容易受到金融危机蔓延的影响，其中对特定行业的影响要比对国家的影响大。除此以外，他们还指出出于分散国内风险的目的制定的政策不可能阻止金融危机在国家之间的蔓延。

任何国家都要立足于本国实际、依靠民族智慧，积极采取措施应对，探索出有本国特色的自主发展之路。印度政府面对危机采取连续调低利率和出台两套经济刺激方案等措施，收到了良好的效果。俄罗斯成立了专门金融市场发展委员会，稳定金融市场；出台

---

① Marcelo Bianconia, Joe A. Yoshinob, Mariana O. Machado de Sousab, "BRIC and the U. S. financial crisis: An empirical investigation of stock and bond markets".

② Kenourgios Dimitris (2008), "Financial Crises and Contagion: Evidence for BRIC Stock Markets", EFMA Vienna Meetings, May.

支持金融体系补充措施法案，救助银行；用卢布结算能源出口，减少美元和欧元波动带来的影响；支持实体经济，实施救助股市计划。巴西政府采取扩大项目投资来刺激经济的发展，并积极支持基础设施建设，采用缓和的货币政策，积极支持家庭的消费，实行退税政策，保持了巴西经济的稳定。

汪巍（2012）[①] 提到，为了进一步提高本国金融实力和缩小与发达国家金融发展水平的差距，2011 年 10 月 12 日来自巴西证券期货交易所、俄罗斯莫斯科银行间外汇交易所、印度孟买证券交易所、中国香港交易及结算所有限公司和南非约翰内斯堡证券交易所的代表，在南非约翰内斯堡举行的国际证券交易所联会第 51 届年会上签署协议，宣布成立合作联盟，以方便全球投资者涉足新兴交易市场。印度国家证券交易所和孟买证券交易所对该计划表示支持，待条件成熟后加入。这 7 家交易所共有近 9500 家上市公司，总市值达到 9.02 万亿美元，2011 年 8 月股市成交金额超过 4200 亿美元。2011 年 6 月，这 7 家交易所占全球交易所上市衍生产品合约成交量的 18%。这被业界认为是"金砖国家"为深化经济合作迈出的坚实一步，同时也将对全球经济格局带来重要影响。该联盟的成立对"金砖国家"来说是"大胆且重要的一步"，同时这种合作能够真正释放"金砖国家"的集体潜力，以促进成员国的增长与发展。通过这项联盟，更多投资者可以投资经济实力与日俱增的"金砖国家"。从全球角度看，该联盟表明"金砖国家"经济体与金融市场在未来 10 年将愈加重要。[②]

六、"金砖国家"之间对比研究

各国学者通过权衡几个国家产业模式和产业结构的调整，从

---

①② 汪巍：《"金砖国家"多边经济合作的新趋势》，《亚太经济》，2012（2）。

中对比出各国的优势和劣势。并阐明产业在促进各个国家发展时所起到的积极作用，并比较出各个国家在发展中存在的问题。其中，部分学者还提出了解决问题的方法以及在其他国家可以得到的经验。

（一）针对具体行业各国情况对比

1. 汽车产业

徐永利在研究"金砖四国"汽车产业结构中指出，一个共同的特点就是：轿车已经成为主流，消费市场逐渐成熟；中国和印度汽车产业高度化的态势更加明显；四国汽车品牌结构和产品结构还存在一定的差异。印度和俄罗斯本土品牌具有较强的竞争力，中国民族企业的实力不足以与合资或外资企业抗衡，但发展势头很强劲，巴西则基本上是外资控制，缺乏自主创新能力。四国应根据本国国情，适时进行结构调整，从而促进产业升级。

2. 存托凭证

戈登·普拉特（Platt Gordon，2013）[1] 侧重于预测 2013 年的存托凭证（DR）。存托凭证是由巴西、俄罗斯、印度和中国（金砖四国）国家引领的。据说发展迅猛的国家和地区的新兴市场企业将利用投资者的兴趣，并依靠存托凭证来资助他们 2013 年的经济增长。花旗银行董事总经理南希把快速增长的存托凭证归属为关键经济指标。

---

① Platt, Gordon (2013), "BRIG Countries Will Lead DR Issuance In 2013", Global Finance, Mar2013, Vol. 27 Issue 3, pp. 54 – 55.

3. 农业问题

布罗西格、斯特凡·伊伯、拉蒙娜、蒂勒·伊娜、莱纳尔·格劳本和托马斯（Brosig, Stephan Teuber, Ramona Levkovych, Inna Thiele, Rainer Glauben & Thomas, 2013）[①] 介绍了金砖四国在农业相关问题上的特性，其中包括由此问题引入的农业经济学。这个特性被这些国家关注。文章认为，在"金砖国家"的经济和社会发展中，世界农产品贸易以及环境问题是它们的综合问题，他们同时也提出了在金砖四国各国经济、社会和农业方面比较它们的水平。

（二）针对产业结构模式进行对比

1. 中国、印度对比

薛勇军、刘培生（2012）[②] 指出，中国和印度作为世界上两个发展中国家，经过成功的经济体制改革，两国都实现了较快的经济增长速度，但是与此同时，中印两国产业结构也出现了明显的变化，中国和印度三次产业发展状况各不相同，三次产业产值在国内生产总值（GDP）中所占比重不断调整，三次产业对 GDP 的拉动率也不断变化，三次产业的就业结构也各有特点。文章重在分析中国和印度三次产业发展状况、三次产业对 GDP 的贡献率和拉动率

---

① Brosig, Stephan Teuber, Ramona Levkovych, Inna Thiele, Rainer Glauben, Thomas (2013), "Introduction to the Special Feature: Will the BRIC Decade Continue? The Role of Rural Areas and Agriculture", Journal of Agricultural Economics, Feb2013, Vol. 64 Issue 1, pp. 145 – 150.

② 薛勇军、刘培生：《中国与印度产业结构比较研究》，《东南亚纵横》，2012 (7)。

以及三次产业就业结构。

2. 中国、俄罗斯对比

李曙光（2012）[①] 从转轨和产业结构演进的理论入手，探讨市场化转型和经济全球化背景下，中国和俄罗斯产业结构演进的动力机制、演进机理和约束条件等，力图运用转轨的有关理论，解释制度变革对两国产业结构演进产生的关键影响。基于这一认识，文章以中俄产业结构演进的时间顺序为主线，采取对比分析的方法，对两国产业结构演进进程进行全面地比较，找出差异，探讨其原因；发现共性，抽象出转轨国家产业结构演进的一般性特征。未来中俄产业结构能否走向既定的优化目标，不仅取决于其国内政治经济的发展状况，同时也将面临国际政治经济环境的推动、制约与限制，值得对其进行持续的深入研究。

3. 印度、巴西对比

巫宁耕（1989）[②] 指出，印度、巴西都是发展中的大国，在国情上与中国有不少相似之处。历史上，两国都遭受长期的殖民统治。第二次世界大战后，它们又都致力于民族经济的发展，实现国家的工业化和现代化，改进落后的经济结构。几十年来，两国经济都取得了许多进展，但又表现出很大的不同。总的特点是，巴西增长速度较快，是富有活力的国家，但不很稳定；印度的发展比较平稳，但因各种结构性失衡，增长速度较慢。两国在经济发展上的差异原因是多方面的。这里仅从产业政策的制定、实施以及对两国社会经济发展的影响来加以分析。

---

① 李曙光：《中国和俄罗斯产业结构演进比较分析》，《世界经济》，2012。
② 巫宁耕：《印度，巴西产业政策的比较分析》，《国际技术经济研究学报》，1989（12）。

4. 四国综合比较

徐永利从产业结构的相关理论梳理入手，比较四国产业结构的形成机理、三次产业结构现状、产业结构对经济增长的影响和作用、分析产业结构存在的问题，提出对中国产业结构调整与升级的对策建议。论文的主要研究内容和观点如下：（1）相关理论阐释：对产业结构和经济增长的影响机制进行梳理，对产业结构的演变、分类进行理论归纳。（2）四国产业结构的形成机理：从内部和外部的角度分析了四国产业结构形成的影响因素。（3）四国三次产业结构现状比较。（4）四国产业结构变化对经济增长的影响。（5）从产业结构面临的问题与调整来看：四国基于各自不同的比较优势，选择了不同的经济增长路径，在产业结构方面，不论是三次产业之间的比例关系，还是三次产业内部结构，四国既有相似的地方，也存在许多差异，都存在脱节与不合理之处，需要进行产业结构调整，尤其是印度和中国，产业结构还有待于进一步合理化和高度化。

聂聆、骆晓婷（2011）[1] 从进出口总量、结构和贸易竞争力三个角度，采用 RCA 指数和 TC 指数对金砖四国生产性服务贸易进行比较研究，结论是与印度、俄罗斯和巴西相比，中国生产性服务贸易逆差较大，生产性服务贸易进出口结构很不合理，知识技术密集型生产性服务贸易竞争力较弱，处于比较劣势。

七、"金砖国家"未来发展研究

在当今欧债危机的大背景下，金砖四国作为新兴大国，面临着

---

[1] 聂聆、骆晓婷：《"金砖四国"生产性服务贸易结构与竞争力研究》，《中央财经大学学报》，2011（3）。

各方面带来的机遇和挑战。各国只有认识到自身存在的问题，并对危机进行充分的认识，才能有备无患，在危机中平稳度过，合力促进世界经济的发展。

（一）合作与竞争问题

贾杨·P. A.（Jayan P. A.，2012）[①] 认为，当今时代存在着地区国际关系和更多的相互依存关系，像金砖四国这种组织可以在国际上扮演一个有意义的角色。最近的峰会，金砖四国重申，需要在不同的水平上建立更多的合作。它们在《德里宣言》指出，呼吁一个更有代表性的国际金融架构，增加发展中国家的话语权和代表权并建立和完善公正的国际货币体系，支持新兴经济体和发展中经济体的经济发展。

冯丽（2012）[②] 从中国的视角剖析了中国同其他"金砖国家"的竞争与合作关系，并从三个方面对"金砖国家"整体发展趋势进行分析。最后，对"金砖国家"的未来发展提出展望：作者指出，新兴大国的群体性崛起，及其相互支持与战略协调，势将改写近代以来西方大国为所欲为的国际关系史。当今世界风起云涌，全球化浪潮一往无前，促使资本链和产业链在全球范围内大规模配置，新兴市场国家在国际金融和贸易中的比重不断提升，"金砖国家"正是这些国家的主要代表。

Lu rong Chen（2012）[③] 通过分析金砖四国的核心竞争力及其在全球价值链中的弊端，探讨了金砖四国经济和世界经济的联通。它表明，金砖四国继续在全球价值链中生产低附加值的产品。从长远

[①] Jayan，P. A.（2012），"BRICS：Advancing Cooperation and Strengthening Regionalism"，India Quarterly.，Dec 2012，Vol. 68 Issue 4，pp. 363 – 384.

[②] 冯丽：《金砖五国：后金融危机时代的竞争与合作》，《现代商业》，2013（2）。

[③] Lu rong Chen（2012），"The BRICs in the Global Value Chains：An Empirical Note Cuadernos de Economía"，Vol. 31，No. 27，Special Issue.

来看，它们的经济增长可能会受到技术能力的束缚。因此，为了使"金砖国家"维持自己的长远发展，它们需要专注于改进技术能力进而提升价值链。

（二） 创新机制问题

钟惠波（2012）[①] 通过对金砖四国国家创新体系存在的问题进行梳理与比较，研究发现：一方面，金砖四国国家创新体系存在过分偏重于创新的研发和技术因素，以及各种创新政策缺乏有效融合的共性问题；另一方面，金砖四国国家创新体系都因缺乏某种根植性而存在各自的个性问题。只有从本国特定的经济社会条件和全面发展的视角来考虑本国的创新政策，才有可能构建一个高效的国家创新体系。

沃尔特·戈麦斯·J. E.（Gomes Walter J. E.，2013）[②] 认为，尽管在近年来金砖四国经济增长显著，"金砖国家"近几年基础设施设置也有显著改善，但这些国家并没有创建一个现代的、全面的医疗保健系统，没有建立一个适应工业国和广泛的区域差异的卫生支出。然而，"金砖国家"应该迅速率先鼓励创新、简化设备和流程及应用新技术，使之更适应消费者的需求，成本更低。然而，这个巨大的转变在于全球经济和区域差异可能代表一个独特的机会、互动和合作的平台，有助于使我们的世界更加平等、公平、美好。

---

① 钟惠波：《金砖四国国家创新体系存在的问题比较》，《科技进步与对策》，2012（1）。

② Gomes，Walter J. E.（2013），"ACTs in the future：second strategic conference"，The view from the BRICS countries，European Journal of Cardio - Thoracic Surgery. Jan，Vol. 43 Issue 1，pp. 238 – 240.

（三）金融危机影响

万·安东尼·阿格塔米尔（Van Agtmael Antoine，2012）[1] 将金砖四国 2012 年的国内生产总值与美国进行对比，金砖四国对外汇储备的控制情况，及包含金砖四国在内的世界人口问题，着重分析了近年来因为受到全球经济危机的影响，给金砖四国造成了经济增幅缓慢的问题并分析了影响的程度。同时，也阐释了国内政治在金砖四国的经济政策制定上所产生的相应影响。

李白（2012）[2] 分别将金融危机对金砖四国造成的影响进行分析，并针对每个国家的特点和经济政治形势提出了面对危机的建议。他指出，巴西应坚持"内外并重"，俄罗斯应注重保证金融体系的安全，印度应注重政府和企业的合作，中国应该迅速出台相应的政策以应对危机。

李巍（2013）[3] 提出，2008 年全球金融危机彻底暴露了现有国际金融体系的缺陷，随后关于国际金融治理体系改革的倡议日益高涨。与以往不同，新兴国家作为一个群体逐渐成为本轮国际金融改革的重要参与者，其中尤以"金砖国家"为主要代表。金砖机制目前还正处于一个摸索期，它能否在 G20 框架下形成一个有凝聚力的制度行为体来参与国际金融治理，彻底改变长期由发达国家垄断国际金融事务的局面，取决于金砖成员国能否继续保持较快的经济发展速度，能否形成强大的利益交汇点，以及能否保持该机制的相对封闭性。

---

[1] Van Agtmael Antoine（2012），"Think Again：The BRICS Foreign Policy"，Nov2012，Issue 196，pp. 76 – 79. 4p.

[2] 李白：《金融危机中的"金砖四国"》，《上海人大月刊》，2012（1）。

[3] 李巍：《金砖机制与国际金融治理改革》，《国际观察》，2013（1）。

第五章　全球经济失衡

　　所谓全球经济失衡（global imbalance）是指一国拥有大量贸易赤字，而与该国贸易赤字相对应的贸易盈余则集中在其他一些国家，主要是指美国与以中国为代表的发展中国家之间的经常收支的不均衡状态，其原因之一为美元的流动性过剩，从而引起其价值下降。目前，全球经济失衡是以美国的经常账户赤字和亚洲经济体和石油出口国的经常账户盈余为特征的。失衡由各国间货物贸易不均衡所引发，并导致各经济体间的资本跨国流动，使资本与金融项目也出现失衡。美国国内消费过度和储蓄不足、国际分工格局的变化、亚洲经济体国内储蓄率高于投资率是导致全球经济失衡的主要原因。全球经济失衡不具有可持续性，如果不进行主动调整而任其发展，其失衡的格局必然崩溃并对全球经济造成破坏性影响。面对全球经济失衡，中国应采取积极的应对措施，承担起全球经济失衡调整所应负的责任，保持国内经济持续、健康地发展。

一、　全球经济失衡的含义和原因

　　全球经济失衡（global imbalance）是指这样一种现象：一国拥有大量贸易赤字，而与该国贸易赤字相对应的贸易盈余则集中在其他一些国家。2005 年 2 月 23 日，时任国际货币基金组织总裁在题为"纠正全球经济失衡——避免相互指责"的演讲中正式使用了这一名词。并指出，当前全球经济失衡的主要表现是：美国经常账户赤字庞大、债务增长迅速，而日本、中国和亚洲其他主要新兴市场国家对美国持有大量贸易盈余。[①]

（一）美国的金融发展优势

王栋贵（2013）[②]从静态两分法的角度看，全球经济失衡的原因可以分为美国国内原因和美国国外原因。

Menzie D. Chinn 等（2011）[③]认为，美国的金融发展水平即使在发达国家中也是长期领先的，且到 2007 年年底美国 81% 的外部债务仍为外国私人部门所持有（Forbes，2010），同时，对全球经济失衡的解释又需要解决国际资本为什么单单流向美国这个发达国家的问题，因此，用美国的金融发展优势解释全球经济失衡成为一种十分常见的观点。

张茉楠（2012）[④]认为，从本质上讲，当前全球经济失衡，特别是中美经济失衡是在金融全球化和国际产业转移的大背景下，全球金融中心与全球制造业中心在国际分工协作和利益分配上的失衡。本文通过中美两国的资产负债结构以及国际头寸表分析证明，全球利益分配方式已经不仅体现在经常项目上，金融利益所得也成为全球利益分配的重要渠道。全球利益分配变得更加错综复杂，美国既享受了跨国公司主导下的贸易利得，又享受了金融分工下的资本利得，是具有正财富收益的债务国，而中国是具有负财富收益的

---

①　De Rato, Rodrigo（2005），"Correcting global imbalances: Avoiding the blame game", Remarks at Foreign Policy Association meeting, Feb. 23, 2005.

②　王栋贵：《全球经济失衡原因论争论——被忽视的基于美国视角的解释》，《经济评论》，2013（1）。

③　Menzie D. Chinn et al.（2011），"A Forensic Analysis of Global Imbalances", NBER working paper.

④　张茉楠：《国际分工视角下的全球经济失衡与利益分配格局调整》，《金融与经济》，2012（5）。

债权国，中国需要重新审视当前的债权国地位，加快推动包括要素市场化等在内的经济金融改革，通过与新兴经济体的金融循环，提升中国经济金融竞争力，增强国民财富效应，真正提升债权大国地位。

（二）国际分工视角

张茉楠（2012）[①] 认为，从本质上讲，当前全球失衡，特别是中美经济失衡是在金融全球化和国际产业转移的大背景下，全球金融中心与全球制造业中心在国际分工协作和利益分配上的失衡。本文通过中美两国的资产负债结构以及国际头寸表分析证明，全球利益分配方式已经不仅体现在经常项目上，金融利益所得也成为全球利益分配的重要渠道。全球利益分配变得更加错综复杂，美国既享受了跨国公司主导下的贸易利得，又享受了金融分工下的资本利得，是具有正财富收益的债务国，而中国是具有负财富收益的债权国，中国需要重新审视当前的债权国地位，加快推动包括要素市场化等在内的经济金融改革，通过与新兴经济体的金融循环，提升中国经济金融竞争力，增强国民财富效应，真正提升债权大国地位。

（三）国际货币体系视角

王汉儒（2012）[②] 认为，由于国际货币体系的内涵十分丰富，

---

① 张茉楠：《国际分工视角下的全球经济失衡与利益分配格局调整》，《金融与经济》，2012（5）。

② 王汉儒：《欧债危机爆发根源的再思考——基于国际货币体系视角的分析》，《当代财经》，2012（11）。

学术界对其定义莫衷一是。目前，陈彪如（1990）[①]、巴利，艾肯格林（Barry & Eichengreen,1996）[②] 和蒙代尔（Mundell）（2003）[③] 的三种定义基本得到了大多数学者的认同。陈彪如（1990）认为：国际货币体系是支配各国货币关系的规则和机构，以及国际间进行各种交易支付所依据的一套安排与惯例。国际货币体系的主要目标是：调节各国的国际收支和协调各国宏观经济政策。国际货币体系的主要内容则包括：（1）汇率关系的规定和变动准则；（2）世界货币或储备资产的确定与供应。巴瑞·易成格林（Barry Eichengreen，1996）认为：国际货币体系是将各国经济结合在一起的粘合剂，其主要作用是为了维持外汇市场的有序与稳定、解决国际收支问题，并为遭遇破坏性冲击的国家提供国际信用。蒙代尔（Mundell，2003）的定义重点对国际货币体系和国际货币制度的范畴进行了辨析：国际货币制度相对僵化，而国际货币体系相对灵活。

当前国际货币体系存在内生性缺陷，当前的国际货币体系又被称作"牙买加体系"或"布雷顿森林体系"。其区别于国际货币史上其他时期的国际货币体系，如金本位制、英镑本位制等的核心特征是以美元为中心，提供国际价值尺度职能（即为国际交易提供计价单位）、国际流通与支付职能（即提供国际清偿力）和国际储备职能（即为各国央行提供外汇储备），因此美元成为事实上的世界货币。尽管由于1973年石油危机之后美元与黄金脱钩标志着布雷顿森林体系的崩溃，但美元的世界货币地位却因牙买加体系对其继

---

① 陈彪如：《论钉住汇率、弹性汇率和人民币汇率问题》，《南开经济研究》，1990。

② Eichengreen，Barry（1996），"Hegemonic Stability Theory and Economic Analysis：Reflections on Financial Instability and the Need for an International Lender of Last Resort"，Center for International and Development Economics Research，Working Paper Series，Center for International and Development Economics Research，Institute for Business and Economic Research，UC Berkeley.

③ Mundell，Robert（2003），"Prospects for an Asian currency area"，Journal of Asian Economics，Elsevier，vol. 14（1），pages 1 - 10，February.

续履行世界货币三大职能的确认而得以延续。然而，这一制度与其他所有制度一样，自诞生之日起便不可避免地罹患了内生性缺陷。已为学术界广泛讨论的特里芬两难（Triffin Dilemma），不过是国际货币体系制度缺陷这枚硬币的一面，而鲜为人知的另一面就是谨慎动机与信心悖论。该悖论的逻辑是：开放条件下，各国央行出于稳定本币汇率和国家经济安全的谨慎动机而积累一定数量的美元，引起对美元需求的增加，故美国应扩张其货币供给；而美国作为储备货币发行国只能通过其国际收支的逆差，特别是经常账户逆差来提供国际清偿力和国际储备，但鉴于国际收支赤字扩大将引起美元汇率贬值的预期，故美国为维持其国际货币信心则必须紧缩其货币供给。这就出现了与"特里芬两难"对应的悖论。该悖论与"特里芬两难"在逻辑基础、传导机制和政策结果方面大相径庭。首先，从逻辑基础来看，"特里芬两难"是从国际经济不断发展的需要角度出发，认为将引起美元扩张；而谨慎动机悖论则强调国家层面对外汇市场的干预需求导致了对美元需求的增长，是有组织的行为，而非特里芬两难下市场经济调节的自发行为。其目的在于，解决开放条件下市场经济外部性问题一国对外部门的产出与就业波动。其次，从世界货币职能与货币需求理论的角度来看，特氏悖论描述的是世界货币的流通与支付职能，而谨慎动机悖论刻画的则是世界货币的储备职能。最后，从传导机制的角度来看，"特里芬两难"并未明确指出经济发展是如何引起对美元需求增长的，既缺乏传导机制研究，也没有说明这种需求增长将带来什么后果；而谨慎动机悖论不仅提出经常账户和资本账户两种传导机制，更证明了世界经济失衡是当期国际货币体系制度设计的逻辑必然，即内生性缺陷。[①]

---

① 王汉儒：《国际货币体系视角下世界经济失衡的根源探析》，《财经问题研究》，2012（5）。

(四) 国际贸易失衡视角

莱维尼 R., N. 洛艾萨和 T. 贝克 (Levine R., N. Loayza & T. Beck, 2012)[①] 认为，作为世界经济失衡的根本特点，当前国际贸易失衡的规模比以往任何时期都要严重，并且主要表现在美国贸易逆差的快速增长，以及与美国巨额贸易赤字相对应的其他一些国家，如日本、中国和亚洲新兴市场经济体日益增大的贸易盈余。尽管自 1971 年以来，美国的贸易逆差就一直存在，但进入 21 世纪以后，美国的贸易失衡呈现出急剧扩大的态势。2001 年，美国的贸易逆差为 4220 亿美元，在 GDP 中所占比重为 4.1%；到 2006 年，美国的贸易逆差达到 8394 亿美元，占 GDP 比重为 6.3%，达到历史最高水平，并致使世界经济达到了自 20 世纪 70 年代以来的最大贸易失衡。2007 年以后，受金融危机影响，美国的贸易逆差出现了小幅下降，2010 年美国的贸易逆差达到 6465 亿美元，在 GDP 中所占比重为 4.4%，依旧高于 20 世纪 90 年代的平均水平。值得注意的是，这一时期，中国成为美国最主要的贸易逆差来源国。据美国人口普查局的统计，2000 年美中贸易逆差为 838 亿美元，占美国贸易逆差的 19%，与 20 世纪 90 年代持平。此后，美中贸易逆差以 14% 的年均增幅快速增长。2006 年，美中贸易差额达到 2341 亿美元的历史最高水平，占当年美国贸易逆差的 28%。在金融危机爆发以后，美中贸易总量依旧稳步上升，从 2007 年的 3844 亿美元上升到 2010 年的 4568 亿美元，增幅达 19%。与此同时，美中贸易差额在美国贸易逆差中所占比重也大幅上升，从 2007 年的 31.4% 上升到 2010 年的 42%，增加了 10 个百分点。

---

① Levine, R., N. Loayza, and T. Beck (2012), "Financial Intermediation and Growth: Causality and Causes", Journal of Monetary Economics, pp. 31 – 77.

卢卡莱利和比尔（Lucarelli & Dr Bill，2012）[1] 指出：2007 ~ 2008 年，金融危机之后，金融的战略地位、使实体经济不稳定并将其推至衰退边缘的能力重新点燃了对历史原因和制度形式的争论。在过去的 30 年中，大多数经合组织国家追求的新自由主义政策促成了这种以金融为主导的积累。很快，这种破碎的、支持金融全球化的机制将被证明为全球资本主义危机搭建了平台。

约瑟夫·E. 盖格农（Joseph E. Gagnon，2012）[2] 认为，由发展中国家政策驱动了经常账户失衡。在控制了财政平衡、对外净资产和石油净出口之后，运用模型重点考察了官方对外资产净购入对经常账户失衡的影响，跨国面板数据的实证分析发现，发展中国家官方对外资产持有行为对经常账户失衡的影响非常显著。

（五）国际金融监管

黄薇（2012）[3] 认为，第二次世界大战结束之后，金本位制度被放弃，由该制度产生的对于经常账户失衡的自动调节机制随之丧失，以美元霸权为特征的现代国际货币体系（即 1945 ~ 1971 年的布雷顿森林体系和 1973 年之后延续至今的牙买加体系）对于全球经常账户失衡不但缺乏有效的调节机制，甚至还有推波助澜的负面作用。首先，美元的霸主地位使得美国政府可以低成本对外融资，造成改善经常账户与财政双赤字激励机制的缺失。在美元主导的国际货币体系下，美国政府和居民轻松地通过对外高负债支撑国内的低储蓄和高消费，维持着本国的经济繁荣，并为亚洲出口导向型经

---

[1]　Lucarelliand Dr Bill（2012），"Financialization and Global Imbalances：Prelude to Crisis"，Review of Radical Political Economics，Dec.

[2]　Joseph E. Gagnon（2012），"Global Imbalances and Foreign Asset Expansion by Developing Economy Central Banks"，International Economic Review.

[3]　黄薇：《金融危机后的全球经济治理改革——全球经济治理之全球经济再平衡》，《南开学报（哲学社会科学版）》，2012（1）.

济体提供了较为充足的外部市场需求，而全球失衡就在这看似美好的增长模式中不断加剧，直至全球金融危机的爆发，才真正体现出失衡发展造成的严重后果。另外，作为世界主要的贸易结算货币和储备货币，美元币值经常会与基本面因素脱离，如在本次金融危机初期的金融市场动荡中，受避险情绪影响，美元"安全港"的身份凸显、持续升值，使得美国尽管经济基本面恶化、存在大额贸易逆差，然而其币值依然保持坚挺。显然，这种状况并不利于美国经济失衡的调整。由于美元特殊地位造成的这一现象，既不是美国能控制的，也不是顺差国能影响的，而是市场选择的自然结果。其次，大宗商品价格大幅波动也将影响各国的外部失衡状况。对于逆差国而言，货币贬值可以在一定程度上通过减少进口、增加出口来改善经常账户，但是如果这些国家同时是石油依赖国，情况会变得更为复杂。尽管决定油价的根本因素仍在于全球能源供需基本状况，但美元贬值也可能引致包括石油在内的国际大宗商品价格上涨。美国的对外石油依存度尽管在近年来有所下降，但仍高于50%。能源需求的相对刚性和国际贸易中J曲线效应的存在，使得美元即使呈现贬值，也会导致经常账户暂时的恶化。

（六）中国的视角

杨凯栋（2012）[①] 认为，一直以来，由于中国的储蓄过剩，物价水平就不能更好往上走。中国还处于结构调整阶段，结构不平衡，在各个阶段也不能顺利地传导。现阶段，全球经济失衡问题已经到了一个非常严重的地步，如果不及时解决这些问题，这样将会产生负面的影响。中国不仅是一个发展中国家，还是一个发展迅速的国家，中国有责任来维持和维护世界经济的稳定发展。

---

① 杨凯栋：《全球经济失衡的原因及中国的措施分析》，《国际商贸》，2012（10）。

（七）总值与净值的视角

叶怀斌（2012）[①] 认为，目前学术界主要从全球经济失衡的缘由、可否持续以及解决方案 3 个维度讨论这一问题。在此之中，研究全球经济失衡的缘由是其他问题的根源，国内外学者对此问题进行了较为深入的研究。国内学者卢瑾（2010）[②] 将全球经济失衡的起因细分为不同国家间的投资储蓄不平衡在现有国际货币体系下的汇率制度选择，国际劳动分工以及全球流动性过剩。布兰查德（Blanchard，2009）[③] 则相对简单地将其分为"好的"与"不好的"，即自然原因形成的失衡以及由国内外经济扭曲而带来的全球经济失衡。

二、 美国金融危机后全球经济失衡的发展水平

2005 年 2 月 23 日，国际货币基金组织总裁拉托在《纠正全球经济失衡——避免相互指责》的演讲中正式提出了全球经济失衡（global imbalance）。他指出，全球经济失衡是一国拥有大量贸易赤字，而与该国贸易赤字相对应的贸易盈余则集中在其他一些国家。然而，全球经济失衡并不是一个新现象，它已经存在了相当长的一

---

① 叶怀斌：《全球经济失衡与中美失衡新视角》，《东方企业文化·百家论坛》，2012（9）。

② 卢瑾：《全球经济失衡：特征、机制及可持续性》，《中国社会科学院研究生院》，2010。

③ Olivier Blanchard. (2009), "The Crisis: Basic Mechanisms and Appropriate Policies", CESifo Forum, Ifo Institute for Economic Research at the University of Munich, vol. 10 (1), pages 3 – 14, 04. 2009.

段时间。大卫·安多伐托（David Andolfatto，2012）[1] 指出，近几十年来，实际利率稳步下降，证券的风险相对较低。事实上，美国中短期国库证券的实际产量为负。同时，世界经济已表现出越来越多的贸易失衡现象，这主要表现为大量和持续的美国经常账户赤字，而美国的大部分融资来自新兴经济体。

（一）全球经济失衡的表现与指标

邓斌、薛杨（2012）[2] 则认为，世界经济失衡不仅表现为各主要经济体间的贸易失衡，还表现为全球金融体系的失衡，并引发了以美国"次贷危机"为主要表现的国际金融危机，对全球经济健康发展产生严重阻碍。

席兹、艾莉娜·利巴科娃和罗伯特（Nathan Sheets，Elina Ribakova & Robert A. Sockin，2012）[3] 则通过研究来自 G20 国家集合的数据，对货币的汇率进行比较分析，从而判断赤字与盈余的变化情况。他们通过对各国经常账户收支的绝对值进行累计，以一种补充性的视角对全球失衡进行了评估。倘若全球只有两个国家，其中一国的经常账户盈余占全球 GDP 的 1%，另一国的赤字占全球 GDP 的 1%，那么这种方法的衡量结果则为全球 GDP 的 2%。在金融危机的前些年，有数据的 182 个国家的经常账户余额的绝对值累积量接近全球 GDP 的 6%，而从金融危机开始，这项数据已经大约下降到了全球 GDP 的 4% ~ 4.5%。这也说明金融危机后全球经济失衡问题得到了缓解。

---

[1]　David Andolfatto. "Liquidity Shocks, Real Interest Rates, and Global Imbalances", Federal Reserve Bank of St. Louis Review, May/June 2012：pp. 187 – 195.

[2]　邓斌、薛杨：《中国参与世界经济失衡调整的战略研究》，《现代管理科学》，2012（11）。

[3]　Nathan Sheets, Elina Ribakova, Robert A. Sockin（2012），"全球经济失衡展望——依实证与专题研究的视角"，《金融发展评论》，2012（5）。

（二） 全球经济失衡的调整

菲利普·R. 兰纳等（Philip R. Lane et al., 2012）[1] 认为，全球金融危机前期的特点是经常账户失衡在世界范围内扩散。危机爆发以来，这些不平衡在很大程度上受到限制。他们通过分析发达国家和新兴市场外部调整的持续过程发现，这些国家的经济危机前的经常账户余额超过了正常经济所能够承受的额度，这些国家经历了外部平衡的急剧收缩。

吉野直行（Naoyuki Yoshino, 2012）[2] 对于如何纠正、调整全球经济失衡问题，指出体制改革是一个行之有效的方法，它包括以下几点：（1）鼓励贸易赤字的国家提高储蓄率；（2）拓展亚洲储蓄流向亚洲地区投资的渠道。如果这个措施能使长期的资金流动问题得到调整，那么这会带来更长远的好处。

安德鲁·休斯·哈雷特、胡安·卡洛斯和马丁内斯（Andrew Hughes Hallett, Juan Carlos, Martinez Oliva, 2012）[3] 从利率与经常账户的角度，使用了一个已建立却经常被忽视的模型，该模型主要针对经常账户平衡、国际资产以及两者之间的交互关系，检查了贸易的稳定性、货币市场和国际投资组合的平衡。通过这个模型，他们得出的最重要的结论是：外贸和资产市场在一般情况下会显示出多重均衡（至少有两个）：一个是稳定的，另一个是不稳定的。这就产生了"商业空间"的定义，即在哪些地区可以安全地去进行贸

① Philip R. Lane and Gian Maria Milesi – Ferretti（2012），"External adjustment and the global crisis"，Journal of International Economics，2012（1）.

② Naoyuki Yoshino（2012），"Global imbalances and the development of capital flows among Asian countries"，OECD Journal：Financial Market Trends，2012.

③ Andrew Hughes Hallett & Juan Carlos，Martinez Oliva（2013），"The Importance of Trade and Capital Imbalances in the European Debt Crisis"，Working Paper Series WP13 – 1，Peterson Institute for International Economics，2013.

易赤字和国外净资产或债务的操作；又有哪些地区因为缺少平衡位置，会促使债务危机的爆发和资产价值的暴跌而面临不安全环境。因此，第一阶段要做的就是确保以一种稳定的平衡状态存在。这不能保证，但将可以实现（不考虑具有一定规模的负面贸易的冲击），只要投资组合结余相对于贸易平衡，对汇率的敏感度更小。也就是说，如果投资组合平衡线比经常账户的一条均衡线更陡峭，达到平衡是有可能的，而这似乎是可以达到的。因此，可以通过使国际投资组合平衡的弹性减小，从而加强这种组合的稳定性。也就是说，采取自由兑换货币，资产的市场准入，资产可替代性，控制竞争力等政策，使投资者不再热衷于本国的资产。[①] 从整篇文章来看，他们认为汇率的调整和经常账户余额的限制可以改变全球经济失衡的现象。

Yan Liang（2012）[②] 提出，要想使全球经济再平衡，即改善全球经济失衡状况，需要通过强制货币增值从而减少贸易盈余国家尤其是中国的出口量。同时，要想纠正宏观经济失衡，全球金融结构的改革是很有必要的。在短期，美国政府应该充分利用美元本位制并且很好地充当其领导地位去实施扩大需求的政策。

（三）全球经济失衡的持续性

纳罕·什特、伊俐娜·诺巴科瓦和罗伯特·A.少肯（Nathan Sheets，Elina Ribakova & Robert A Sockin，2012）[③] 对 G20 国家的数

---

① Andrew Hughes Hallett and Juan Carlos Martinez Oliva（2012），"Reducing Global Imbalance：Can Fixed Exchange Rates and Current Account Limits Help"，Open Economies Review，February 1.

② Yan Liang（2012），"Global Imbalances as Root Cause of Global Financial Crisis：A Critical Analysis"，Journal of Economic Issues.

③ Nathan Sheets，Elina Ribakova，Robert A. Sockin（2012）："全球经济失衡展望——依实证和专题研究的视角"，《金融发展评论》，pp：1 - 16。

据进行了研究，特别检验了汇率在经常账户平衡调节中的作用，得出结果：一旦全球经济复苏，全球失衡最近的调整也不会立即发生逆转。再者，他们建立了相关模型对中、美收支平衡情况的未来演进进行了估计。对于美国，他们将美国经常账户余额占 GDP 的百分比对相关解释变量进行回归，回归结论体现出了著名的"豪斯克-麦奇（Houthakker - Magee）不对称效应"。因此，美国经常账户赤字的收缩具备持续性。对于中国，通过类似模型的构建表明，全球经济的逐渐复苏会导致中国贸易顺差的重新扩张。

王思宇，杨巨（2012）[1] 认为，全球化造成了世界工业生产向新兴市场国家的转移，而"三来一补"这样独特的贸易模式，本身就具有顺差倾向。如果从消除失衡的愿望出发强行要求各国的顺逆差都消失，那么只能回到各国自给自足的状态，全球化将会倒退。这样看来，适量的顺差和逆差应该在可接受的范围之内，失衡是常态，均衡是瞬态。关键是，政府控制失衡程度和影响的政策应对是否适当。

Yan Liang（2012）[2] 认为，在当前国际货币体系下，金融全球化导致了全球经济失衡的产生。除非国际交换发生调整，金融全球化将会使全球经济失衡一直存在。为了解决经济失衡状况，国际货币体系的改革正在有序进行。如果改革成功，全球经济失衡现象可以被解决。

三、 全球经济失衡的影响因素

纵观当今世界经济大势，从不同角度观察都可明显体会到，世

---

[1] 王思宇、杨巨：《全球经济失衡问题的总结与探讨》，《财经界（学术版）》，2012。

[2] Yan Liang（2012），"Global Imbalances and Financial Crisis：Financial Globalization as a Common Cause"，JOURNAL OF ECONOMIC ISSUES Vol. XLVI No. 2，2012（6）.

界经济正在不平衡中高速发展。经济失衡问题涉及多边国家的广泛利益，如何分析其影响因素，需要展开视野在全球经济日新月异的大背景下透过现象抓住本质。首先，从美国这一经济霸主的角度分析。以其为首的国际货币基金组织迫使发展中国家加速金融市场开放，其实质就是为了实现包括资本项目可兑换在内的全球金融自由化，以保证国际游资在发展中国家的自由流动。而发展中国家本身较弱的经济实力和在信息技术水平上的不足使其在竞争与联合中的地位较低，且更加脆弱、易发生动荡。同时，与全球经常项目收支失衡相对应的是国际资本流动格局的失衡，其代表就是美国与新兴市场国家间的贸易失衡。美国这类国家积累了大量贸易盈余，外汇储备迅速增加，而且其他各国为了保持本币与美元间的汇率稳定，又将大量美元外汇储备投入美国购买低风险的美元债券，使得国际资本净流入日益集中于美国，全球经济失衡进一步加重。而全球经济失衡同时又加速了世界经济的虚拟化，两者的相互影响不断加深，扩大了国际间的贫富差距，引发了全球金融市场的动荡和世界货币体系的危机。同时，国际收支失衡也是主权财富基金产生的重要原因。资源类商品价格的上涨和新兴市场国家外汇储备的增加为主权财富基金的壮大提供了资金支持。再者，主权财富基金对国际收支失衡的加剧、维系和调整三个方面有着巨大的影响力，两者互相牵动，影响着全球经济的平衡问题。

（一）美国经济的特殊形式对全球经济失衡的影响

门捷·D. 琛（Menzie D. Chinn，2012）[1]认为，虽然短期美元在国际货币储备中的主要地位是不会改变的，但在未来仍具有很大

---

[1]　Menzie D. Chinn（2012），"A Note on Reserve Currencieswith Special Reference to the G20 Countries"，IMF，Annual Reports and IMF，Currency Composition of Official Exchange Reserves（COFER），May 13.

的不确定性，新的储备货币有可能出现并替代美元的地位。而他认为最有可能的便是中国的人民币。但是，即使是对中国经济的发展速度作最乐观的假设，人民币单独成为新的主导储备货币仍待时日。因此，他认为区域性储备货币诞生的可能性更大，并可能使全球金融的稳定性朝着正向发展。但实现的先决条件是，美国等国家愿意牺牲在货币储备中拥有主导权时的利益与优势。

Minh Ly（2012）[1] 针对国际社会对于以新的储备货币替代美元的呼声，认为目前没有可以替代美元的货币。对于 SDR（特别提款权），他就 SDR 的性质和立场给出了批评，质疑特别提款权这一制度对储备货币的选择能否正确、公平地发挥作用。同时，他还对美联储如何加强美元的货币储备地位给出了建议。

Han Boyin, Wang Dongping & Fu Bo（2012）[2] 则认为，中国和美国之间的经济失衡源于美国在过去几年的宏观经济政策不当造成的内部失衡。美国宽松的货币政策，加速国际资本流入新兴市场，并使其在全球流动过剩。但资金的净流入，加上贸易顺差使得其在新兴市场国家的宏观经济形势更加复杂。同时，长期的低利率导致美国消费支出增加并且赤字上升。为了转移矛盾，美国不顾传统的马歇尔—勒纳条件，逼迫人民币持续大幅升值。作者通过格式化平衡模型，深入研究了出口弹性和进口弹性以核对马歇尔—勒纳条件，并分析其适应性和敏感性，表示在短期内人民币的升值可以改善美国的贸易赤字，但长期却是无效的。

---

[1]　Minh Ly（2012），"Special drawing rights, the dollar, and the institutionalist approach to reserve currency status"，Brown University，Providence Apr 25.

[2]　Han Boyin，Wang Dongping and Fu Bo（2012），"The Mystery of Economy Structural Imbalance between China and America：A New Interpretation of Marshall－Lerner Condition"，June 2012.

（二）　发展中国家对外贸易和制度因素

约瑟夫·甘农（Joseph Gagnon，2012）[1] 指出，在过去的 10 年里，发展中世界的各国央行和政府在以前所未有的速度累积外汇储备及其他官方资产。这些官方资产积累是近年大型全球经常账户失衡的主要带动因素。这些官方资本流动净额促使规模相对较大的产业经济体的产生，并已成为产业经济复苏的一个重要因素。

（三）　国际分工格局对全球经济失衡的影响

丁重、邓可斌（2012）[2] 通过一个简单的例子说明这一问题：如果一国在制造业方面相对于金融业有优势，就应全力发展制造业以获得更大利益；同样，如果金融业相对于制造业有优势，就应全力发展金融业以获得更大利益。这实际存在概念偷换，因为一国主观上愿意选择以何种产业取决于何者利益更大，而非何者能带来更快的经济增长速度。所以，选择哪一种产业很大程度上并非主观选择而是国际竞争的结果。国际竞争最终决定着国际产业格局的划分。如果一些国家垄断了技术创新或金融基本在某一产业上占据了绝对优势，就可能导致其他国家被迫选择其他低端产业，国际公平性的失衡以及资源同生产力不合理的配比常常随之产生，国家间的贫富差距、发展水平的差距也被不断拉大。从此观之，国际分工的失衡在一定程度上影响着全球经济失衡。

---

① Joseph Gagnon. "Global Imbalances and Foreign Asset Expansion by Developing Economy Central Banks", Mar 23.

② 丁重、邓可斌：《全球经济失衡：中国的位置和治理参与抉择》，《国际经贸探索》，2012（12）。

（四）主权财富基金发展对全球经济失衡的影响

克里斯托弗·保尔丁（Christopher Balding，2012）[1] 肯定了主权财富基金对维持全球经济平衡的作用，并概括了使主权财富基金成功发挥效用的三个主要因素。首先，主权财富基金需要一个可预见的和专用的资金来源。其次，一些主权财富基金已经对基金资金的撤出收回明确了具体的规则。第三，主权财富基金要求尽可能高的独立性，同时也需要实体技术的支持。

东炫·帕克、杰玛·艾丝特（Donghyun Park & Gemma Esther，2012）[2] 指出，针对主权财富基金（SWFs）的投资活动中非商业动机和透明度的缺乏，投资国家已开始携手合作设立规范和法律界定，对主权财富基金进行治理和监管。尤其是"圣地亚哥原则"诞生的一套自愿性的指导方针来指导投资行为。"圣地亚哥原则"基本上与投资者的自身利益相一致，这预示着他们自愿采用的前景。在此原则约束下，主权财富基金的投资更具规范性，同时也规避了一部分引发经济失衡的风险。

四、全球经济失衡的解决途径

（一）提高美国储蓄率

在 2012 年的第四轮中美战略对话发布的成果中，美方表示将继

---

[1] Christopher Balding（2012），"Innovations in Sovereign Wealth Fund for National Development"，July 17，.

[2] Donghyun Park and Gemma Esther（2012），"Developing Asia's Sovereign Wealth Funds: The Santiago Principles and the Case for Self Regulation"，June 16.

续致力于转变经济增长方式，增加投资和出口水平，中期将总储蓄率提高到过去 30 年的平均水平。标普主权评级委员会主席约翰·酋博斯（John Chombers）在亚洲论坛"债务危机：衰退的导火索"上表示：美国需要提高储蓄率，尤其是公共部门要提高储蓄率。

（二）亚洲国家货币升值论

董伟（Dong Wei，2012）[1]，卡普兰、斯蒂芬·B.（Kaplan & Stephen B.，2006）[2] 等学者认为，被低估的货币有助于中国奉行出口导向型的发展模式，促进经济增长和创造就业机会。然而，最近被低估的汇率已经暴露了中国的主要金融和经济的脆弱性，包括国内经济过热和新的金融部门的困难。尽管有这些风险，中国一直拒绝人民币大幅升值，这表明政治目标优先于经济最优。

然而，也有部分学者对此持反对态度。比伯·约格（Bibow Joerg，2012）[3] 探讨了中国在全球失衡中扮演的角色，以及对人民币升值以使世界经济从严重危机中复苏的呼声。他反对人们的普遍观点——认为人民币兑美元的汇率过低是全球失衡的主要原因。他强调中国在应对全球金融危机中一直是模范。作为全球经济复苏增长的领导者，中国通过扩大内需来抵消出口下滑，在重新平衡其经济的过程中成功完成了第一阶段，这与其他主要贸易国简单恢复过去的政策模式形成了鲜明的对比。第二阶段将包括进一步加强私人消费。他认为，人民币的稳定性和资本账户管理将是最好的支持。

---

①　Dong We.（2012），"The role of expenditure switching in the global imbalance adjustment"，Journal of International Economics，2012 – 2（237 – 251）.

②　Kaplan，Stephen B.（2006），"The Political Obstacles to Greater Exchange Rate Flexibility in China"，World Development，July 2006，v. 34，iss. 7：pp. 1182 – 1200.

③　Bibow Joerg（2012），"How to Sustain the Chinese Economic Miracle：Risk of Unraveling Global Rebalancing"，Chinese Economy，January – February 2012：pp. 46 – 73.

林毅夫（2012）① 认为，以纸黄金取代美元成为超主权国际货币。林毅夫建议用纸黄金作为国际通用货币，而取代美元等主权货币作为国际货币的现行体系，现行以美元为中心的国际货币体系，会造成作为国际货币和作为主权货币之间的矛盾，而纸黄金可以作为超主权货币为所有国家所接受；同时，纸黄金相对于黄金来说，不受数量的限制，可以避免因为供应不足而造成的通货紧缩现象。

（三）建立国际协调机制

鉴于全球经济失衡问题涉及复杂的国际利益关系，区别于上述孤立的解决途径，近年来学者们开始寻求通过建立国际协调机制，来解决全球经济失衡这一超国家问题。

黄薇，韩剑（2012）② 认为，G20 峰会是解决全球贸易失衡问题的良好平台，从全球失衡问题研究和"参考性指南"产生的背景入手，讨论了"参考性指南"指标体系的形成以及方法论基础和 4 种测度失衡方法的优缺点。总体而言，"参考性指南"的产生与发展体现了各国间的政策博弈结果，也是首次在超国家领域设立的系统化全球经济失衡评价体系。该体系的设立不仅有助于鉴别和监督各国失衡状况，同时也有利于促进各国政府采取负责任的调整措施。

霍伟东（2012）③ 研究了亚太地区实施自由贸易区战略对缓解全球经济失衡的调整机制，认为 CAFTA 战略对全球经济失衡的缓解途径有：（1）增加自由贸易区内部贸易，减少对美国的依赖；（2）增加 CAFTA 区域内投资，减少因直接投资产生的贸易逆差转

---

① 丁重、邓可斌：《全球经济失衡：中国的位置和治理参与抉择》，2012（12）。

② 黄薇、韩剑：《G20 参考性指南——治理全球经济失衡的第一步》，《金融评论》，2012（1）。

③ 霍伟、杨碧琴：《加强区域经济协调应对全球经济失衡——基于 CAFTA 战略的视角》，《当代经济研究》，2012（5）。

移；（3）改革 CAFTA 各成员汇率制度，建立风险承担机制；（4）加强区域性货币合作，积极推动国际货币体制改革。

申蕾（2013）[1] 在肯定全球治理作用的前提下，提出各国政策博弈以及贸易保护政策对全球治理的阻碍作用。通过引入博弈模型分析，鉴别各国接受全球经济治理时的配合度，监督各国政府采取负责任的调整政策及措施。最后，根据博弈模型结果提出两条治理建议：（1）充分发挥 G20 协调全球治理的积极面，考虑减少软性约定而以硬性约定取代；（2）以国际长期目标优先，适当辅以各国国内目标。

李纯鼎和约翰·华里（Chunding Li & John Whalley）（2012）[2] 讨论了如何通过国家间的间接税收措施来实现全球再平衡。G20 讨论迄今还集中在通过汇率工具以实现再平衡，间接税收措施是一个潜在的重要发展。如果中国和德国（主要顺差国家）将它们目前的增值税制度从目的地原则转换为原产地原则，美国（主要逆差国）采用目的地原则增值税，这些行动能够共同显著减少三国联合失衡并为全球再平衡做出贡献。他们将货币结构引入一个数值一般均衡模型，捕捉内生性的贸易失衡问题，也探讨这些举措的潜在影响。这些确认增值税结构不仅有利于全球经济恢复平衡的变化，我们认为也有利于社会福利和税收征管。我们的研究目的是注入新的理念到全球再平衡议题中。

五、　全球经济再平衡

2005 年，国际货币基金组织总裁罗德里戈·拉托首次正式提出

---

① 申蕾：《全球经济失衡治理的博弈论分析》，《经济研究导刊》，2013（7）。

② Chunding Li、John Whalley（2012），"Indirect Tax Initiatives and Global Rebalancing"，NBER working paper，March 2012.

"全球经济失衡"的概念，即中国、日本等东亚国家持续的高储蓄率、经常账户盈余和巨额的外汇储备，以及与之相对应的美欧等发达国家持续的高负债率和庞大的财政及经常账户"双赤字"。刘宇认为，总的来说，现有研究存在两点局限：第一，已有文献主要集中于中美经济不平衡的内涵、原因和影响等问题的定性研究，很少通过量化的手段评价促进和改善中美经济不平衡的政策影响。第二，有少量的文献采用全球一般均衡模型分析了全球经济再平衡的影响，大部分是基于静态 GTAP 模型。该模型只能进行比较静态分析，不能根据时间动态更新数据库和构建模拟的基准情景。因此，在分析未来某一段时间内美国的储蓄率上升问题时明显不合适。

雷达（2013）[1] 认为，全球经济的平衡调整意味着中美两国经济增长动力的缺失，缺乏持续存在的经济动力。美国再平衡政策关注的焦点不在于经济失衡本身，而在于失衡调整过程中国家相对实力的变化和长期战略收益。在缺乏重大技术和制度创新的情况下，当前中国经济的定位仍然在于制造业出口大国地位的维持和巩固。

在国际金融危机的背景下，实现"全球经济再平衡"是世界各国战胜危机、实现可持续和均衡增长的战略选择，但"全球经济再平衡"不会是一个自动实现的过程，而将充满博弈与挑战。对于中国来说，既要警惕"全球经济再平衡"可能带来的挑战，也要利用其带来的机遇，积极推动自身经济战略调整，以增强中国在国际分工体系中的主动权，实现经济持续、健康发展。Chunding Li & John Whalley（2010）[2] 认为，如何联合跨国家的间接税的举措可以用来实现全球经济再平衡。

---

① 雷达、赵勇：《全球经济再平衡下的中美经济：调整与冲突》，南开学报（哲学社会科学版），2013（1）。

② Chunding Li & John Whalley（2010），"Global imbalances：Are we measuring the right thing?"，Research-based policy analysis and commentary from leading economists，October。

第六章 中国贸易失衡问题与
参与国际经济协调

一、 中国贸易失衡问题

（一） 中国贸易平衡状况的历史演变

改革开放以来，中国对外贸易规模不断扩大，贸易收支平衡经历了从贸易逆差交替向持续的贸易顺差演变的过程。裴长洪通过研究提出，中国贸易平衡状况的历史演变大致可以分为以下三个阶段：（1） 1978～1989 年，贸易逆差为主阶段。该阶段的 12 年中有 10 年处于逆差状态，累计逆差 468.4 亿美元，年均逆差 39 亿美元。（2） 1990～1994 年，贸易顺差逐步发展阶段。该阶段，除 1993 年出现 122.2 亿美元的逆差外，均为贸易顺差，累计顺差 143.8 亿美元，年均顺差 28.76 亿美元。（3） 1995 年以来，贸易顺差高速增长阶段。该阶段，贸易顺差持续增长，1995～2006 年间累计顺差高达 4959 亿美元，年均顺差 413.25 亿美元。[①]

---

① 裴长洪：《我国对外贸易发展：挑战、机遇与对策》，《经济研究》，2005（9）。

（二）中国贸易失衡的成因分析

1. 制度环境的变迁

随着中国改革开放的不断推进，中国外贸制度环境的变迁呈现出利于对外贸易发展的趋势。贸易自由化消除了制度抑制，降低了外贸成本，同时，贸易战略从进口替代向出口导向的转型更大程度上发挥了相对比较优势，鼓励企业参与国际竞争，从而促进了出口的更快发展。因此，连有指出中国制度的变革、外贸制度环境的变迁从一定程度上成为中国对外贸易长期顺差的重要原因。[①]

2. 主要贸易伙伴的情况变动

Zhe – Wang 指出，在众多与中国发生贸易关系的国家和地区中，还是以欧盟、美国、日本、东盟、韩国、中国香港和中国台湾为主。改革开放至今，中国与这七个主要贸易伙伴的贸易额占中国对外贸易总额的比重基本保持在 80% 以上。因此，与这些贸易伙伴之间的贸易平衡变动基本可以反映中国整体贸易平衡的变动情况。[②]

改革开放初期，由于中国迫切需要从西方发达国家和地区大量进口资本技术密集型商品，同时大量出口的是在这些国家和地区相对缺乏竞争力的商品，导致中国的贸易顺差主要来源于东盟等，逆差则主要来源于美国、日本、欧盟等发达国家和地区。1980～1992 年间，对东盟的累积贸易顺差是 66 亿美元，对美国、日本和欧盟的累积贸易逆差分别是 282 亿美元、316 亿美元和 305 亿美元。

---

① 连有：《关于我国贸易失衡问题的研究》，《商场现代化》，2012（9）。

② Zhe – Wang（2013），"The Federal Register"，FIND，2013，Vol. 78（001）.

进入 20 世纪 90 年代以后，中国对美国和欧盟则从贸易逆差转变为贸易顺差，尤其是 2001 年中国加入世界贸易组织后顺差规模迅速扩大。从中国最大的贸易顺差来源地美国来看，2005 年美国首次成为中国第一大贸易顺差来源地，2010 年美国对华逆差达到 2730.7 亿美元的历史最高纪录。与此同时，中国对东盟的贸易平衡却从顺差转为逆差，韩国也成为贸易逆差来源地，日本始终处于中国贸易逆差来源国的地位，且在中国加入世界贸易组织后逆差规模继续扩大。

3. 世界产业的转移

20 世纪 90 年代以来，在全球化深入发展的背景下，世界产业的转移对新的贸易平衡格局的形成发挥了重要作用，导致了原本为东亚周边国家和地区对美国和欧盟的贸易顺差转变为中国对美国和欧盟的贸易顺差。中国稳定的政治环境、越来越健全的公共基础设施、优惠的政策安排和高效廉价的劳动力，吸引了大量的日本跨国公司进入，日本对华投资迅猛增加。截至 2009 年 4 月，日本企业对华直接投资累计实际到位金额达 666.8 亿美元，是中国第二大外资来源地。许多日本在华公司从本国进口零部件，利用中国对外商投资企业的优惠和廉价劳动力带来的低成本优势，在中国加工组装之后，再通过原有的销售渠道销往美国、欧盟等地。正因如此，使原有的日本对美国、欧盟等地的出口在统计上转变为中国对美国、欧盟等地的出口，经历同样的过程，使亚洲"四小龙"对美国、欧盟等地的出口也转变为中国对美国、欧盟等地的出口。这种产业转移和贸易转移无疑带来的是贸易顺差的转移。

4. 国内储蓄与投资结构的变动

大卫·安德鲁斯（David R. Andrews，2012）[1] 根据凯恩斯国民收入恒等式，在开放经济条件下，一国国内生产总值可以用支出法和收入法两种方法衡量。由于支出法和收入法是从不同角度计算国内生产总值，通过对恒等式两边进行整理就可以得出净出口，即贸易平衡是由私人部门的投资储蓄差异和政府部门收支差异两部分决定的。L. 达瓦内·巴美（L. Dwayne Barney，2012）[2] 认为，在其他条件不变的情况下，私人储蓄的增加会导致经常项目盈余增加或赤字减少；投资的增加或政府财政赤字的增加会导致经常项目盈余减少或赤字增加。如果把私人储蓄和政府储蓄合并在一起，这时一国净出口就等于总储蓄与总投资的差额，因此，储蓄与投资的结构即决定了贸易平衡的状况。一国国家的储蓄投资结构在一定程度上揭示了其贸易平衡的结构性原因。改革开放以来，中国的投资率和储蓄率基本上是处于波动式上升的状态，但在20世纪90年代以前，投资率往往大于储蓄率。1994 年以后，中国的投资率总体保持在一个较高的水平，但相对而言储蓄率上升得更快，处于一个更高的水平。储蓄率大于投资率的部分，通过对外贸易净出口实现平衡。因此，中国对外贸易的持续盈余正是其储蓄率高于投资率的结果。

5. 片面强调出口对经济增长的拉动作用

陈昆亭、周炎（2012）[3] 指出，改革开放以来，中国出口的增

① David R. Andrews（2012），"The European Journal of the History of Economic Thought. Continuity and change in Keynes's thought"，January – February 2012 pp. 46 – 73.

② L. Dwayne Barney（2012），Department of Marketing and Finance，Boise State University. Managerial Finance，2012

③ 陈昆亭、周炎：《中国经济周期波动特征分析：滤波方法的应用》，《世界经济》，2012（10）。

长对经济发展的贡献是巨大的，出口增长也为弥补中国的外汇缺口
起到了积极的作用。但是，在中国综合国力不断增强和经济发展水
平不断提高的今天，过度依赖外需的经济增长模式是不可取的，它
造成了经济发展的严重失衡，不利于经济的长远发展。在这种只重
视外需的政策导向下，出口创汇的规模成为衡量地方政府官员政绩
的尺度，致使地方政府片面地追求出口商品数量的提高，忽视出口
商品的技术含量和出口商品的结构，造成资源和能源的严重浪费。
为了扩大出口规模，有些企业出口商品的利润实际上很低，甚至没
有利润，这些企业只是靠国家的出口退税收入来勉强维持生计。马
丁·卡里（Martin Carree）[①] 认为，贸易顺差是增大了，可是很多
出口企业的利润空间确是越来越小了。可见，这种过度依赖外需的
经济增长模式并不是经济发展的长久之计。

6. 内需不足

中国所出现的两高一低现象（即高投资、高储蓄、低消费）在
世界上是极为少见的。从 1965 年以来，中国的消费总额基本上是
不断上升的，但是消费总额占 GDP 的比重却是不断下降的。相反，
中国投资总额占 GDP 的比重却是不断上升的。罗当（Dang Luo，
2012）[②] 认为，中国的消费需求一直处于疲软的状态，一方面是由
于中国居民生活的传统，父母都期望将钱存起来供以后子女使用，
而最先想到的不是自己现实的消费。另一方面，是由于"三农"问
题，城乡收入差距问题，就业形势严峻问题，还有社会保障体系不
完善等问题并没有得到有效地解决。因此，要想启动国内消费就必
须提高居民的整体收入水平，减少社会分配不均，改善就业环境并
完善社会保障体系。否则，依靠外需来拉动国内经济的增长也是无

---

①　Martin Carree, "Centre for Advanced Small Business Economics", Erasmus University Rotterdam, EIM Small Business Research and Consultancy, Review of industrial Organization.

②　Dang Luo. Kybernetes (2012), "Analysis of the income elasticity of the consumer demand of Chinese rural residents and prediction of its trend", pp. 655 – 663.

奈之举。

7. 外资不合理流动

对外开放以来，中国利用外资与年俱增，累计已达 700 亿美元。外资的大量投入的确推动了资金匮乏的中国经济的发展，但是外资的流向不平衡也给中国经济发展带来了一些问题。中国贸易顺差的主要来源是货物贸易，其中加工贸易占了其中的大部分，外资却主要流向沿海发达地区和利润回收比较快的加工贸易行业，而很少被投入中西部资金匮乏的地区和技术密集型以及服务行业。换句话说，就是外资推动了加工贸易出口额的迅速增长，从而推动了中国对外贸易顺差的扩大。其原因显然是将引资规模与政绩考核不适当地联系到一起了。地方政府之间有时为了抢夺外资而不惜通过税收优惠、土地无偿使用等手段开展恶性竞争。虽然外资规模的扩大能带来当地经济的一时增长和就业人数的一时增加，可是它是以动摇税基和资源浪费、污染环境为代价的，致使长期社会边际成本可能超过社会边际收益，不利于经济的可持续发展。

（三）中国贸易平衡变动的影响分析

1. 贸易失衡对经济发展模式的影响

一国经济发展模式的选择会影响一国的贸易平衡状况，但同时，贸易平衡状况又会反过来影响经济发展模式，不但影响中国的经济发展模式，而且世界经济发展模式也会受到影响。进入 20 世纪 90 年代，中国的平均消费倾向长期走低所带来的储蓄投资结构失衡直接导致了中国对外贸易的持续顺差。在中国对外开放不断深化的时期，消费作为推动经济增长的主要力量造成了国内需求缺口被迅速增长的国外市场取代，形成了外需驱动型的经济发展模式。中国的贸易失衡越来越突出地表现在对美国和欧盟贸易顺差的大规模积累。对美欧市场的过分依赖意味着中国在对外贸易中处于相对不利的地位，一旦发生贸易摩擦、美欧市场需求减少、进口物资紧缺或价格上涨都将使中国经济遭受巨大损失。奇普·班克（Kip Becker）[1] 研究得出，2008 年国际金融危机爆发，美国和欧盟都是危机的重灾区，美欧经济遭受严重冲击，市场需求急剧下降，直接影响到中国的出口贸易活动，因此 2008 年后期在贸易平衡上体现出了对美欧贸易顺差的收紧。作为影响世界经济发展的主要经济体之一，中国的贸易失衡成为当前世界性结构失衡的重要组成部分。中美双边贸易失衡以及美国贸易逆差的不断扩大足以证明中国对世界性结构失衡的影响。

2. 贸易失衡对金融安全的影响

对外贸易的进行伴随着资金的流动。以中美贸易为例，中国将商品出口到美国并获得美元收入，增加外汇储备。但中国并不是以美元现钞或现汇的方式持有美元收入，而是把一部分收入购买并持有美国国债或公司债。Shen（2012）研究截至 2010 年年底，中国持有的美国国债规模高达 1.16 万亿美元，占同期外汇储备总额的 40.7%。债权的积累和外汇储备的增加对中国的金融安全产生的影响不容忽视。[2]

第一，人民币升值压力增大。债权积累和外汇储备增加导致美国、日本和欧盟诸国强烈呼吁人民币升值。Wai－Choi LEE 认为，作为中国最主要的贸易伙伴，美国表现得尤其明显。美国认为人民币被人为低估，损害了美国的利益，因此不断向中国施压要求人民币升值。面对多方面压力，2005 年 7 月 21 日，中国人民银行正式发布公告，称即日

---

①　Kip Becker，"Trade creation and Trade Diversion for Mercosur"，Journal of Euromarketing.

②　Wei Shen（2012），"The Neglected Fluidity Control tool：Short-term National Debt. Chinese Economy"，International Journal of Business and Management，January－February 2012 pp. 46－73.

起中国实行以市场供求为基础，参考一篮子货币进行调节、有管理的浮动汇率制度，人民币汇率不再盯住单一美元，并于同日 19 时将次日美元兑人民币交易价格调整为 1 美元兑 8.11 人民币，人民币对美元升值 2%。汇改至今，人民币对美元累计升值逾 30%。[①]

第二，外汇储备的机会成本上升。随着外汇储备规模地不断扩张，持有外汇储备的机会成本也不断上升。外汇储备数量越大，经营外汇储备的难度和风险就越大，特别是中国外汇储备主要是美元资产，美元贬值则直接导致储备资产实际价值的缩水。大量外汇储备在国内无法得到优化配置的情况下，只得选择购买收益率相对较低甚至是存在亏损的美国债券。同时，为了对冲外汇占款，央行大量发行债券，并为此背负了较大的利息负担。

第三，汇率制度与货币政策矛盾。中国实行的是有管理的浮动汇率制度。20 世纪 90 年代中后期，在国内金融市场不发达，企业规避汇率波动风险能力较差，因此当时的汇率基本稳定对出口贸易发挥了重要作用。玛莎瑞（Ahmed El - Masry）研究认为，人民币汇率的稳定却影响了货币政策的效果。随着中国对外贸易的持续大规模顺差，外汇储备快速增长，为了缓解人民币升值的压力，央行不得不大规模买入外汇，导致大量基础货币投入市场，产生的直接后果就是通货膨胀、资产"泡沫"和经济波动，这与央行的货币政策背道而驰。[②]

（四）调节中国贸易失衡的对策分析

1. 放开资本账户，鼓励对外投资

面对中国贸易失衡的调节，可以借鉴 20 世纪八九十年代的日

---

① Wai - Choi Lee (2012), "Department of Economics and Finance", Hang Seng Management College, A Study of the Causal Relationship between Real Exchange Rate of Renminbi and Hong Kong Stock Market Index. 11/ 255, 2012, P. 24.

② Ahmed El - Masry (2012), "Plymouth Business School, Exchange rate exposure", October 2012, v. 4, iss. 4, pp. 255 - 63.

本曾经运用过的一项策略，即忽略对贸易失衡的调节，直接着眼于整个国际收支的平衡。当时的日本在贸易收支上也是出现了大规模盈余，美日贸易摩擦日益激化，但日本没有直接对贸易失衡进行调节，而是通过大规模地对美投资避免了冲突的继续。曲昭光（2006）[①]认为，当前中国已经具备了资本账户可兑换的核心条件。采取措施逐渐放开资本账户，鼓励对外投资特别是对外直接投资，既可以获取对国外重要资源的支配权，减少国际能源、原材料价格波动带来的风险，又可以直接进入国外市场，规避贸易摩擦，而且还可以减少外汇储备的持有量，降低持有、管理过高外汇储备的风险，并缓解人民币升值的压力，可谓一举多得。

2. 加快金融体制改革

中国的贸易顺差主要表现在经常项目顺差不断增加，这与金融市场的发展滞后存在密切关系。由于一直以来的政策过于向第二产业倾斜，导致中国的产业结构升级缓慢，第三产业得不到充分发展，这在一定程度上制约了国内消费。此外，在现有的金融体制下，投融资渠道单一，居民投资主要集中于银行存款，从而导致了中国的高储蓄率。拉文·M. 和 H. 厄林（Ravn M.，H. Uhling，1998）[②]认为，在金融机构国家所有的背景下，非国有企业无法从既有体系中获得融资，只能把储蓄积累作为再投资资金来源的一个重要选择渠道，这使得投资驱动型储蓄成为储蓄增长的重要原因，并在一定程度上助长了储蓄投资结构失衡。因此，M. 曼苏

---

① 曲昭光，《人民币资本账户可兑换的前提条件：基于国际收支结构可维持性的分析》，《世界经济》，2006（2）。

② Ravn M.，H. Uhling（2012），"On Adusting the HP – Filter forthe Frequency of Observations"［J］. Review of Economics and Statistics.

乐·汗和 M. 伊莎克·巴蒂（M. Mansoor Khan & M. ishaq Bhatti，2012）[①] 指出，当前要解决中国的结构性贸易失衡问题，应当从金融体制改革入手，减少政府对金融市场的干预，结合金融机构的市场化、商业化改革，便利非国有企业融资，减少投资驱动型储蓄的增长，同时引导金融资源向第三产业倾斜、刺激消费。

3. 加强国际合作

中国的贸易失衡根源于自身的经济结构性失衡，还部分地受到主要贸易伙伴的结构性问题影响。所以，只有中国单方面地采取措施将无法达到理想效果，还需加强国际间的协调与合作，特别是中国贸易顺差主要来源地美国。在中国已经采取扩大国内消费、对人民币进行有序升值等措施的情况下，各贸易顺差来源地也应该采取一定的调整措施尽量配合，包括政府逐步减少财政赤字，降低总需求；提高利率水平，减少居民消费规模；放松对华出口管制，实现贸易互补等。

二、中国参与国际经济政策协调

（一）中国参与各方国际经济政策协调的背景

讨论中国如何参与与美国、欧元区、亚洲、东盟等地区的经济

[①] M. Mansoor Khan, M. ishaq Bhatti（2012），"Business and Regional Enterprise"，Mount Gambier Regional Centre, University of South Australia, Mount Gambier, Australia, and, Department of Economics and Finance, School of Business, La Trobe University, Melbourne, Australia. Managerial Finance, Vol. 34 (10), pp. 708 – 725.

政策协调，我认为不得不考虑当下世界经济的背景，不联系现实情况而空谈如何协调，必然没有现实意义。金融危机刚刚过去，全世界发展放缓。欧洲还深陷债务危机，美国在不断出台量化宽松的政策，而中国的近邻日本也在疯狂地印钞票，这三国作为中国的最大的3个贸易伙伴，境况如此，可想而知中国的出口面临怎么样的困境。

黄梅波、陈燕鸿（2009）[①]指出，2008年下半年以来，美国"次贷危机"扩展为系统性金融风暴，世界经济也因此遭受沉重打击。美国、欧洲和日本的GDP相继出现负增长。同时，发展中国家和新兴经济体也正遭遇双重打击，一方面出口下降，另一方面援助资金更难获得。那些经常项目处于严重逆差、财政状况不佳的发展中国家，甚至可能陷入经济危机。来势汹汹的系统性金融危机已使单个国家的抵抗苍白无力，国际宏观经济政策协调成为重振市场信心、遏制金融危机进一步扩散以及推动世界经济增长的有效途径。

李海燕、郭翠荣（2012）[②]分析指出，国际经济政策协调的必要性。无论从开放经济下经济政策的溢出及反馈效应的角度来研究，还是从博弈论合作最优解的角度来分析，都可以得出国际经济政策需要协调的结论。从实际效果来看，尽管国际经济政策协调中存在着诸多效率低下甚至是协调无效的现象，但几乎所有的研究都在从协调的外在干扰因素和协调合作的条件方面研究分析低效或无效的原因，而不是怀疑协调本身的必要性。历史上，每一次大的国际经济政策协调行动都发生在独特的国际经济环境下。近来，国际经济政策协调的主要背景是2007年发端于美国的次级贷款危机。

结合当下的背景，中国要想顺利地与他国进行经济政策协调，

---

① 黄梅波、陈燕鸿：《当前金融危机下的国际宏观经济政策协调》，《世界经济与政治》，2009（4）。

② 李海燕、郭翠荣：《全球金融危机背景下的国际经济政策协调》，《农村金融研究》，2012（5）。

首要任务是防范和化解当前国际金融危机。

（二）中国参与各方经济政策协调的现状

1. 中美经济政策协调

王国兴、袁赞（2007）[①] 分析了中美政策协调的历史，表明其主要平台是中美联合经济委员会（JEC）和中美商务与贸易联合委员会（JCCT）。

JEC 协调的议题很广，不仅包括金融、税收、投资等宏观经济问题，而且包括执法（如打击恐怖主义融资、反"洗钱"、劳改产品进出口等）、市场准入（如外国银行在华经营人民币业务等）、国际财经合作（如应对亚洲金融危机、中国加入亚行等地区开发银行、多边开发机构改革等）以及领事条约、民用航空协定、海运协定等具体问题的协调。

JCCT 协调的议题主要集中在贸易（含商品贸易和服务贸易）、市场准入、投资保护、工业技术合作（包括技术改造、技术转让和知识产权保护等）、法律交流等，涵盖农产品、纺织品、电信、电子、航空、医疗器械、能源、运输、化工、邮电、环保、专利、统计、标准、检验、认证以及进出口银行贷款等广泛领域。

戴金平，靳晓婷和林铁铮（2012）[②] 提到了中美战略经济对话创建了国际经济协调的一种新框架。首次对话于 2006 年 12 月在北京举行，计划每年举行两次，轮流在两国召开，两国最高元首将在本国举办对话时参与会议。对话的层级提高到副总理级，弥补了由于两国行政体制不同所带来的双边对话机制在组织上的不对等。从

---

① 王国兴、袁赞：《中美战略经济对话：国际经济协调新框架》，《世界经济研究》，2007（3）。

② 戴金平、靳晓婷和林铁铮：《中国和八国集团经济政策协调的经济基础分析》，《财经研究》，2012（12）。

此，中美在经贸领域有了一个新的、规格最高的、更加综合性的框架来弥合分歧、防止冲突，以促进双方经济利益的最大化。

为了进一步说明中美之间的经济政策协调，我们具体看一看中美之间汇率政策的协调。冈瑟·施纳布尔（Gunther Schnabl，2012）[1]分析了中美两国近几年汇率之间的变化，使用了中国偏离抛补利率平价（2002～2010年）分析的图表，得出在1997/1998年亚洲金融危机和2007～2010年的世界金融和经济危机中，中国已被证明是东亚和世界的稳定剂，而为了防止进一步的经济和金融动荡，文章建议中国和美国之间的政策协调进行更深层次的合作。

2. 中国—东盟经济政策协调

马静、林宏烈（2012）[2]提出，直接投资协调已经成为推动中国—东盟自由贸易区经济一体化的重要制度因素。作者重点研究了中国—东盟自由贸易区的投资政策协调的差异性及其现状，分析投资政策协调过程中存在的问题，并提出相关政策建议，以期望对中国—东盟自由贸易区投资政策协调提供借鉴意义。

3. 中国与亚洲经济政策协调

中国与亚洲的经济政策协调可从汇率政策中窥见一斑。罗纳德·米金农、冈瑟·施纳布尔（Ronald McKinnon & Gunther Schnabl，2012）[3]通过分析中国的人民币盯住美元的政策，加以使用东亚经济权重的图表，表明了中国在亚洲经济稳定方面做出了突出的贡献。此外，本文指出中国人民币被低估。因此，建议进行中美之间

---

① Gunther Schnabl（2012），"the Role of the Chinese Dollar Peg for Macroeconomic Stability in China and the World Economy"，NBER working papers，October.

② 马静、林宏烈：《中国——东盟自由贸易区投资政策协调研究》，《河南金融》，2012（3）。

③ Ronald McKinnon & Gunther Schnabl（2012），"China and its Dollar Exchange Rate：A Worldwide Stabilizing Influence？"，SSRN.

经济的政策协调，这将有助于脱离政策困境，继续推动全球经济增长。

4. 中国与 G20 经济政策协调

胡建梅、黄梅波（2012）[①]利用宏观经济学框架分析中国参与国际宏观经济政策协调的收益，发现参与协调将提高中国潜在的福利水平。并提出，中国对待 G20 的态度与中国的整体战略选择关系密切，即推动 G20 从应对国际金融危机的有效机制转向促进国际经济合作的主要平台，同时还要处理好 G20 与其他国际组织和多边机制的关系，确保 G20 在促进国际经济合作和全球经济治理中发挥核心作用。同时，对中国参与 G20 提出了两点建议：（1）从长远趋势看，G20 将成为全球治理的中心，但这一过程将十分缓慢；（2）正确认识 G20 在全球治理中的作用。

5. 中国与欧盟经济政策协调

约翰·拉维斯等（John N. Lavis et al.，2011）[②]介绍了中国与欧盟政策对话支持项目（PDSF）。PDSF 是一个灵活的工具和机制，为政策对话伙伴们，即欧洲委员会及中国部委所提议的合作项目提供支持。其中，中国部委和欧洲委员会以"领域对话"的形式在 50 多个领域建立了合作关系。为了加强和巩固日益增多的对话，为期 4 年的中国—欧盟政策对话支持项目应运而生，并于 2007 年 1 月 9 日开始运作。该项目再延长一年至 2012 年 1 月 8 日。PDSF 由以丹麦的荷隆美（Grontmij I CarlBro）为首的咨询机构共同执行。

---

① 胡建梅、黄梅波：《国际宏观经济政策协调与 G20 机制化》，国际论坛，2012（1）。

② John N. Lavis et al.（2011），国际商报，2011，8，25.

（三）中国参与经济政策协调的措施与手段

张志超、李伟和施南（Zhichao Zhang，Wei Li & Nan Shi，2013）[1]提到，从历史上看，国际经济协调有三种框架：一是，在多边协议框架下的机构性协调，如以布雷顿森林体系为名的国际货币体系、以关税和贸易总协定为内容的国际贸易体系和以协调能源政策为目的的国际能源机构；二是，在区域经济一体化过程中的地区协调，如从欧洲共同体起步发展到今天的欧盟；三是，在领导人会晤机制下的定期协调，如每年一次的七国集团首脑会议以及每年两次的财政部长和央行行长会议。以国际组织为载体、多边、以发达国家对发达国家为主是上述三种国际经济协调的共同特点。

在这里，我们可以借鉴一下美欧在 2008 年"次贷危机"后所采取的政策协调方法。

1. 降息

盖里·B. 戈登（Gary B. gorton，2012）[2]指出，降息是应对危机的常用方法。作者举例说，2008 年 10 月 8 日，美联储、欧洲中央银行、英格兰银行、加拿大中央银行、瑞典中央银行和瑞士国家银行等联合宣布降息 50 个基点。

2. 注资

莱奥拉·F. 克拉伯，安娜玛丽亚·卢萨尔迪和吉奥吉欧斯 A.

---

① Zhichao Zhang，Wei Li & Nan Shi（2013），"Handling the Global Financial Crisis：Chinese Strategy and Policy Response"，ssrn.

② Gary B. gorton（2012），"Some Reflections on the Recent Financial Crisis"，NBER Working Paper.

潘诺斯（Leora F. Klapper, Annamaria Lusardi & Georgios A. Panos, 2012）[①] 指出，继续注资是每个国家稳定金融危机的另一方法，主要有两点：（1）各主要国家中央银行通过公开市场操作等渠道向本国货币市场注入流动性。（2）美联储与主要国家的中央银行建立临时货币互换安排，并根据形势发展调整互换的期限和规模。

3. 以银行国有化或准国有化为核心的政策措施

盖里·B. 戈登，安德鲁·迈德瑞克（Gary B. Gorton, Andrew Metrick, 2012）[②] 分析指出，为拯救陷入财务危机的银行，帮助其渡过难关，以银行国有化或准国有化为核心的政策措施相继出台。其中有：英国议会批准诺森罗克银行国有化；德国的 Duesseldorfer 银行由德国银行协会接管；英国政府宣布向皇家苏格兰银行、劳埃德 TSB 银行和哈利法克斯苏格兰银行注资 370 亿英镑，将其部分国有化；美国政府持有花旗银行股份的比例高达 36%，成为花旗银行最大的股东。

4. 积极会晤

唐纳德·诺德伯格（Donald Nordberg, 2012）[③] 分析了金融危机后各国的一系列行动，最主要的是各国经济决策者频频会晤，研究金融危机的化解之道。其代表性的例子是在 2008 年的 20 国集团会议上，与会各国达成一致协议：将国际货币基金组织（IMF）的可用资金提高两倍，支持多边发展银行（MDB）至少 1000 亿美元的额外贷款，为最贫穷国家提供优惠融资。这些协议共同组成了一

① Leora F. Klapper (2012), "Annamaria Lusardi, Georgios A. Panos", Financial Literacy and the Financial Crisis, NBER Working Paper.

② Gary B. Gorton & Andrew Metrick (2012), "Getting up to Speed on the Financial Crisis: A One – Weekend – Reader's Guide", NBER Working Paper.

③ Donald Nordberg (2012), "Return of the State? The G20", the Financial Crisis and Power in the World Economy, SSRN.

项1.1万亿美元的扶持计划，旨在恢复全球信贷和就业市场及经济增长。此次庞大的全球经济复苏计划规模史无前例。

（四）　当前国际经济政策协调效果评价

张振家、刘洪钟（2012）[①] 指出，各国基于防范和化解当前国际金融危机的政策措施的协调行动收到了初步的成效。首先，各国政府对金融机构的大规模注资支持了金融机构的流动性，从而避免了金融机构的大量倒闭以及由此产生的对经济的更大损害。其次，各国向金融市场联合注资以及银行部分国有化的行为在一定程度上稳定了恶化的金融局势，增强了人们对抗危机的信心。最后，各国高层领导之间的互访会晤，国际经济论坛关于对缓解危机共识的达成有利于经济决策的协调行动。

（五）　中国国际经济政策协调需要面临的机遇和挑战

1. 美欧不同的经济理念引发了危机救助方式的冲突

巴瑞·易成格林（Barry Eichengreen，2011）[②] 指出，美国对危机开出的"药方"是：全球采取一致行动来刺激经济，才能有效地阻止经济下滑的局面，而欧洲诸国的观点恰恰相反。以德国和法国为代表的欧元区国家认为：金融危机是由于对金融部门的监管欠缺引发的，从而主张挽救经济应以强化金融监管为先，对动用财政资金刺激经济不以为然。美欧对策的分歧，体现了大洋两岸在经济发展模式上的不同理念。而救助方式的分歧，降低了美欧政策协调的

---

① 张振家、刘洪钟：《国际经济政策协调理论沿革与新进展》，《商业周刊》，2012（12）。

② Barry Eichengreen, International Policy Coordination: The Long View, 2011, 12, NBER Working Paper.

几率。

2. 区域性合作

霍尔斯特·罗力、宋晓燕（2012）[①] 分析指出，在新一次金融危机后，尤其是新一轮多哈谈判破裂以后，发达国家不再像"乌拉圭回合"那样积极推动全球经济一体化和贸易自由化，在这一背景下，区域性贸易合作的特征将更加突出。个中原因显而易见，发展水平相近的国家间形成深入的区域性自由贸易化框架，可以避免多边贸易不同国家因发展差距、经济机制不同引发的利益冲突。发达国家一直有这样的想法，在多边贸易合作中，主要是发展中国家从贸易发展中受益、扩大了市场，这从中国十几年的高速发展中可见一斑。所以，发达国家大力推进区域性全球合作，如今，像WTO等全球组织的声音越来越弱，而像欧盟、北美自由贸易区的呼声渐渐高涨。从这些现实的例子不难看出，中国想象以前那样与全球各国进行自由贸易，遇到的阻力越来越大。这些区域性合作在一定层面上阻碍了全球经济合作。

天大研究院课题组（2012）[②] 但同时我们需要看到，这是严峻的挑战也是一种机遇。中国在多边贸易受阻的情况下，采取区域性合作是一种现实的选择，而与东盟合作不乏是现实困难下的一剂良药。中国与绝大部分东盟国家发展水平相当，固然有竞争，但面临共同的机会，各国会对形成这样一个共同市场给予更多关注。

3. 协调内容有待加强

张汉林、袁佳（2012）[③] 认为，中国与发达国家之间的政策协调内容有待加强。本文具体分析了中美之间政策协调存在的问题，

---

① 霍尔斯特·罗力、宋晓燕，Productivity Research，2012（5）。

② 天大研究院课题组，Review of Economic Research，2012（9）。

③ 张汉林、袁佳：《后危机时代中美对话新机制战略研究》，《世界经济与政治》，2012（6）。

指出相比于美国与其他发达国家的金融协调与合作，中美双方在该领域的作为还较少。中美金融协调虽在 1980 年成立中美联合经济委员会时已有涉及，但进展缓慢、成效不大。中美金融政策协调在对话制度上还有欠缺，合作范围也有待增加。

4. 对话等级需要进一步提高

张谊浩、伦晓波（2012）[①] 指出，虽然中国与发达国家的经济对话早已开始，但多数对话机制仅限于政策层的意思表示，而在具体政策措施谈判层面略显级别不高。与美欧关系相比，中国与发达国家之间深层次、结构性矛盾还未根除，美欧等对中国长期实行的接触与防范并重的两手政策也未根本改变，之间的战略互信仍在建设中。政策协调合作的平台有待于进一步提高，经贸关系将朝着美欧经贸关系的方向发展，一种新的"推动跨太平洋经济一体化进程和经济增长方案"将有可能出现。

5. 政策透明度有待加强

邹新月、郭红兵和黄振军（2012）[②] 分析认为，从各自国内角度看，央行货币政策的透明度不高。对中国而言，货币政策目标的透明性、央行预测的透明性也需要进一步提高。与国际惯例相比较，中国货币政策决策环节过多、时期过长，不利于货币政策的及时、有效传导。从金融政策协调与合作实践看，各自的央行体系在组织构成、政策目标等方面存在较大差异，货币政策信息披露内容、时间等运作模式不同，造成双方信息沟通困难。

---

① 张谊浩、伦晓波：《金融危机下中美欧货币政策博弈研究》，《国际经贸探索》，2012（1）。

② 邹新月、郭红兵和黄振军：《中国货币政策与汇率政策冲突的成因及对策——基于国际协调的视角》，《上海金融》，2012（4）。

（六）国际经济政策协调的前景展望

安德鲁（Andrew W. Lo, 2012）[①]指出，金融危机之后也不乏悲观的预期。悲观的预期在于"政策弹药"的充实程度。主要看两方面：利率政策方面和财政政策方面。现在，美国已将联邦储备利率降至 0.25%，利率政策已没有多少操作的空间，一旦陷入"流动性陷阱"，利率政策很难发挥刺激投资的效应。欧盟的主导利率水平也降到欧元诞生以来的最低点，利率政策操作的余地不大。在财政政策方面，美国的财政刺激受制于全球期盼美元价值稳定的约束，财政支出过多会诱发美元的贬值，引起美元储备国的不满。欧洲的财政政策面临的约束更严。这是因为欧盟有严格的财政赤字限制。德国中央银行行长韦伯此前表示，他反对进一步的经济刺激计划，因为明年的财政赤字将可能达到国内生产总值的 4%，德国已经没有财政政策扩张的空间。喜忧参半的经济政策协调状况使得对未来政策效果预期的不确定性增加。基于美欧日经济前景暗淡的事实，投资者信心的恢复将是一个长期的过程。在此期间，世界主要金融市场仍有可能出现持续动荡局面。而现在的状况是：尽管政策频繁出台，但"宣布胜利"还为时尚早。

[①] Andrew W. Lo (2012), "Reading About the Financial Crisis", A 21 – Book Review, October 26, 2012, SSRN.

第七章　绿色经济发展

一、绿色 GDP 的测算方法

（一）绿色 GDP 的核算背景

余海鹏、张小朋（2012）[①] 在《中国绿色 GDP 核算及应用浅析》中从三个方面来表现中国 GDP 近年发展的不合理。（1）中国采取经济"高速低质"的发展模式。中国的 GDP 已超过日本跃居世界第二位。但按照"可持续指数"排名，中国却远远落后于发达国家。据测算，中国经济增长的 GDP 中，至少有 18% 是依靠资源和生态环境的超前透支获得的。消费、投资、出口净额等是拉动 GDP 增长的"三驾马车"，但中国长期以来国内有效需求不足，当 2008 年金融危机使外贸状况恶化时，投资成为保证经济增长的主因。但由于缺乏资源环保机制和法规的有效监控约束，投资带有很大的盲目性，加速了资源耗竭、环境污染和生态破坏。当然，这也与"唯 GDP 至上"的政绩考核机制关系密切。（2）中国 GDP 高速增长主要依靠"高投入、高消耗、高排放、低效能"的粗放型经济

[①]　余海鹏、张小朋：《我国绿色 GDP 核算及应用浅析》，《经济法》，2012（3）。

作为支撑，不符合"以人为本，全面协调可持续，实现人与自然和谐发展"的可持续发展理念，也违背了"代际公平"的原则。（3）现行国民经济核算体系的局限。GDP 作为一个国家社会财富总量的参考系，是衡量一个国家或地区整体经济形势和发展水平的重要标志，然而它只考虑了经济活动的经济性属性却忽视了其社会性属性，未能体现出自然资源与环境对经济活动的贡献，将资源和环境视为游离于经济过程之外的自然因素。现行 GDP 核算只考虑资源的开采成本，忽略了资源的使用成本和环境成本，导致资源环境价格偏离其内在价值，并虚增了 GDP。他们指出，中国的 GDP 发展结构不平衡，而且内部也存在各种问题，所以他认为要加快进行绿色 GDP 的核算应用步伐。

（二）绿色 GDP 的核算意义

郭丽萍（2013）[①] 提出，传统的 GDP，只能看出经济产出总量或经济总收入的情况，却看不出这背后的环境污染和生态破坏。而绿色 GDP 反应的是绿色国内生产总值，是扣除经济活动中投入的环境成本后的国内生产总值，综合性地反映国民的真实净福利。实施绿色 GDP 是实现可持续发展的保障途径。从 20 世纪 90 年代开始，全球把可持续发展作为战略目标以来，各个国家正在把发展绿色 GDP 作为实施可持续发展的重要途径和实现方式。实施绿色 GDP，要坚持可持续发展观的科学理念，不仅强调关注自然资源和环境质量，而且要求在保护资源和环境的同时保持经济的适度增长，也就是经济发展与自然资源和环境的利用、保护、建设并重，逐步实现全面、协调、可持续的发展。而且，可持续发展是经济、环境、社会三大系统的协调发展，绿色 GDP 是反映可持续发展的核心指标，二者是相辅相成的。

---

① 郭丽萍：《论可持续发展与绿色 GDP》，《中国西部科技》，2013（3）。

（三）国外绿色 GDP 的核算

Gang Wu，Xiao an Zeng，Jian guo Sun（2012）[1] 从绿色 GDP 的概念和内涵入手，回顾了其提出的背景和理论基础，概述了绿色 GDP 的表现形式和几种广泛应用的指标：（1）真实储蓄。作者在文中指出，弱可持续性指标是真实储蓄指标的前身，强调了维持未来福利的基本需要。计算方式：总储蓄 = GDP − 总消费，广义总储蓄 = 总储蓄 + 教育投资，净储蓄 = 广义总储蓄 − 人造资本折旧，真实储蓄 = 净储蓄 − 自然资源损耗 − 环境污染损失。（2）可持续经济福利指标和真实发展指标。该指标是试图反映经济、社会、环境的全面计量工具，将 GDP 按照与环境、社会和人力资本相关的全部收益和成本进行调整。

约翰·塔尔伯兹和阿洛克·K. 博哈拉（John Talberth & Alok K. Bohara，2012）[2] 提出了一些绿色 GDP 的核算方法，$GGDPgrn = f（K_t，L_t，O_t）$，其中 GGDPgrn 是根据人均绿色 GDP 在时间上测量的，K 是一个国家的资本总量；L 是劳动投入；O 是关于时间的一个指数。根据公式，作者推出几种模型来进行计算：（1）$GGDPgrn_t = d + aGK_t + bGO_t +（1 − a − b）GL_t + u_t$；（2）$GGDPgrn_t = a_0 + a_1 DGFCFpct_t + a_2 DOPEN_t + a_3 DADR_t + u_t$。通过这几种模型的建立来试算出绿色 GDP。

O. 维克里奇和 N. 席拉帕克（O. Veklich & N. Shlapak，2012）[3] 证实了把自然资本考虑进宏观经济分析 GDP 中的必要性。还介绍

① Gang Wu，Xiao an Zeng & Jian guo Sun（2012），"Research progress of green GDP accounting indicators"，Ecological Economics.

② John Talberth & Alok K. Bohara（2012），"Economic openness and green GDP"，Ecological Economics，2012（8）.

③ O. Veklich & N. Shlapak（2012），"Environmentally adjusted GDP as an indicator of economic development"，Studies on Russian Economic Development.

了"绿色 GDP"的指标和方法以及其计算的想法。这是第一次介绍了乌克兰 2001～2007 年在环境调整后的国内生产总值的计算结果，并显示乌克兰传统的计算环境调整的"绿色 GDP"之间的差异，以及由于在此期间的环境退化所造成的定量的国民经济损失。

（四）国内绿色 GDP 的核算

Lei Ming（2012）[①] 认为，绿色 GDP 是减去 GDP 中的经济活动中的环境成本，而这种外部成本是由两部分组成的：（1）自然资源的过度开采，是指某些种类的物理资源暂时或永远消失所造成的资源枯竭。（2）自然资产退化所造成的残渣和经济活动的过程中产生的污染物排放，环境资源的质量下降。而这些是抽象的，作者也提出了一些理论方法来进行估算：一是边际机会成本（MOC）。二是边缘环境或外部成本（MEC）。三是边际使用者成本（MUC）。通过这三项指标来进行经济活动带来的环境成本。

Linyu XU，Bing YU，Wencong YUE（2012）[②] 介绍了一种绿色 GDP 新核算方法。生态系统服务进行加权他们的虚拟价格，并以同样的方式把市场的商品和服务在国内生产总值中进行合计。它们是自然的组成部分，直接被享受、被消耗，或用于创造人类福祉。为了合理选择生态系统服务功能，他们提出两个原则，即计算生态系统服务价值绿色 GDP，对人类和其他生物的服务之间的差异必须加以考虑；要考虑直接作为城市生态系统的生态服务价值。

---

① Lei Ming（2012），"Green Accounting of China"，Canadian Social Science，2012.

② Linyu XU，Bing YU & Wencong YUE（2012），"A method of green GDP accounting based on eco-service and a case study of Wuyishan，China"，Procedia Environmental Sciences，2012（9）.

Graeme Lang（2012）[①] 指出，中国开始进行绿色 GDP 的全国试点研究，它开始与实物量的 3 个主要污染源（空气、水和固体废弃物等），通过这些假设的迹象及其影响和环境退化成本进行计算成本。换句话说，绿色 GDP 作为一种指数代表由于措施不同而引起的 GDP 和环境变化之间的差异，绿色 GDP 代表在考虑经济的负外部性后的经济生产力的水平。

Xiaodong Xie et al.（2013）[②] 指出，由于人类过度追求经济目标，导致从长远上看，城市环境和资源是不可持续的。因此，建立一个在快速城市化进程中城市经济发展和环境资源保护之间关系的模型是十分重要的，并在此基础上进行分析。本文提出了一种模型来识别在绿色 GDP 核算体系的基础上，城市环境和资源调控是由四个关键因素部分组成的：经济、社会、资源和环境。在这个模型中，运用层次分析法（AHP）和改良的珍珠曲线模型相结合，通过动态评估以得到较高的绿色 GDP 值作为规划目标。

二、　发达国家的绿色经济

（一）发达国家的环境经济政策

安德烈·塞墨勒（Andre Semmler, 2012）[③] 关注的是，可再生

---

① Graeme Lang（2012），"China's 'Green GDP' Experiment and the Struggle for Ecological Modernization"，Journal of Contemporary Asia，2012（3）.

② Xiaodong Xie，Bing Yu，Wencong Yue & Linyu Xu.（2013），"A Model for Urban Environment and Resource Planning Based on Green GDP Accounting System"，Mathematical Problems in Engineering.

③ Andre Semmler（2012），"Renewable Energy in Japan: New Competition in the Energy Market after Fukushima"，University of Trier EAS；German Chamber of Commerce Japan，April 17，2012.

能源的过于缓慢过渡，与现行法律制度如何努力维护化石能源的主导地位。[①]

福岛的灾难显然已经展现出了一些问题，通过区域隔离的垄断经营的能源市场产生。在同一时间，在日本转向可再生能源被视为越来越必要的事情。为了实现这一目标，市场转移以及提高市场的规范性和透明度，迈向一个更具竞争力的结构是可取的。本文探讨了经济、政治和法律在日本能源市场的进入壁垒。研究证实，解除限制性规定的约束将大幅提高边缘事务所上网电价的条件。虽然，这种措施不能代替市场结构的根本性改革，他们构成了市场自由化重要的第一步。

韩国有一系列的法律措施，其中最重要的是低碳、绿色增长的框架。欧盟已经接受了多个温室气体排放的法律解决方案。这些法律框架，无论是提高能源效率或专注于新能源和可再生能源的孵化。这些法律承担更多的提高能源效率的责任，将有助于减少气候变化的因素。然而，本文的重点是文件的各种法律，如联合国气候变化公约，及其京都议定书，欧盟和韩国的集体行动起草相似，更强的法律框架的努力没有足够的防御人为气候变化的风险。法律风险来自政府追求新能源和可再生能源的开发，即使他们是商业上并不可行的授权或要求。目前的法律框架，支持消除温室气体是不完整的。作为起草方案，依然存在着相当大的风险，能源供应将增加，他们的价格将下跌，各类能源的总消费将上升。在这种情况下，必须找到一个解决问题的方法，以确保联合国限制人类对全球气候的影响以及确保人类执行对气候变化公约的承诺。[②]

---

① Uma Outka (2012), "Environmental Law and Fossil Fuels: Barriers to Renewable Energy", Vanderbilt Law Review, Vol. 65, No. 6, August 15, pp. 1679–2012.

② Roy Andrew Partain (2012), "Environmental Laws for New and Renewable Energy Could Increase Greenhouse Gas Emissions", Chungnam Law Review, Vol. 23, No. 1, June 2012.

（二）发达国家的新能源产业发展

邱立成、曹知修和王自锋（2012）[①] 认为，新能源产业集聚的形成可以促进产业效率的提高，增强创新能力，从而推动新能源对传统能源的有效替代。作者使用面板数据模型对欧盟及相关国家的新能源产业集聚效应的影响因素进行了实证检验。研究发现，政策系数、能源依赖度和能源价格对新能源产业集聚的影响显著，新能源产业激励政策对新能源产业集聚有重要作用。

日本作为经济大国，其能源消费总量居世界第 4 位，石油消费居世界第 3 位。受制于其自身极度匮乏的能源资源，能源对外依存度非常高。第二次世界大战后，日本能源消费经历了以煤为主、以油为主的时代。第一次石油危机向全世界警告了石油资源的有限性、可耗竭性。能源储备、石油外交、开发新能源、节能降耗成为日本能源发展战略的重要内容。时至今日，日本已形成了常规化石能源、新能源等多元化的能源保障体系。余银杰、周海东（2012）[②] 分析了日本化石能源的进口量、海外能源开发量，以及能源外交的因素对日本新能源发展的影响。并认为，日本能源大幅降低对石油、煤炭的依赖以及发展新能源和低碳经济的经验值得我们借鉴。

在经过一系列的传统贸易战、汇率大战之后，中美之间的贸易摩擦最近又蔓延至了新能源贸易领域，尤其是两国在合作与摩擦之间态度的快速转变引起了人们的广泛关注，也给两国未来经贸关系

---

① 邱立成、曹知修和王自锋：《欧盟新能源产业集聚的影响因素：1998～2009 年面板数据模型的实证分析》，《世界经济研究》，2012（9）。

② 于银杰、周海东：《突破能源约束的日本能源发展战略》，《经济研究参考》，2012（8）。

的发展添加了更多的变数。王磊、陈柳钦（2012）[1] 运用博弈论的基本原理对中美两国近年在新能源贸易领域的合作与摩擦现象进行分析，得出结论：中美两国在新能源贸易领域的未来合作仍将以低级别的贸易摩擦为主，但爆发大规模贸易战的可能性较低。最后，为中国新能源企业应对贸易摩擦以及未来发展提出合理化的建议和策略。

美国的可再生能源项目融资是一个复杂、耗时和昂贵的过程。目前，在新的可再生能源电力生产设施的税收抵免和加速折旧的好处下，受制约的潜在投资者可以充分利用这些税收优惠，从事复杂的金融交易。对于债务融资，非政府对可再生能源的贷款已经在很大程度上在经济和监管条件下被外资银行限制。为了讨论这些和其他可再生能源融资方面的挑战，并确定新的资金来源，以美国为市场，可再生能源和融资专家于2012年4月举行了两个圆桌讨论。保罗·施贝尔等（Paul Schwabe et al.，2012）[2] 总结了这些讨论的关键信息，旨在提供美国市场的见解，并告知可再生能源融资创新上的国际对话。

拉玛塔雅、多拉·哈马斯（Rahmatallah Poudineh & Tooraj Jamasb，2012）[3] 在新的范式下分析了智能电网的作用，通过能源在世界上带来的新的挑战，以制定满足现代社会的目标。目前的欧洲能源政策的目标是确保能源组合，以支持一个更清洁的环境，并提供了一个经济实惠、可靠和可持续的国内能源供应，加强供应安全。然而，现有的电力部门不会同时满足这些目标的条件，因为实现其中的任何一个，他们必须分析从两个偏差产生的能源悖论。这

---

① 王磊、陈柳钦：《中美贸易博弈新聚点：新能源贸易领域的合作与摩擦》，《经济研究参考》，2012（20）。

② Paul Schwabe, Michael Mendelsohn, Felix Mormann & Doug Arent (2012), "Mobilizing Public Markets to Finance Renewable Energy Projects: Insights from Expert Stakeholders", National Renewable Energy Laboratory Technical Report No. NREL/TP – 6A20 – 55021, June 1.

③ Rahmatallah Poudineh & Tooraj Jamasb (2012), "Smart Grids and Energy Trilemma of Affordability, Reliability and Sustainability: The Inevitable Paradigm Shift in Power", US-AEE Working Paper No. 2111643, July 17, 2012.

一挑战传统的解决方案一直以来在目标之间权衡。但是，一个更好的解决方案，是在智能电网和信息技术下的一个新范例，从传统的电力部门的操作和配置来看，这一方案的转变扮演着举足轻重的角色。因此，新安排将改变电力行业的功能方式，即内部的能源政策目标，使得那些相互竞争的目标不再是相互排斥的。

罗伊·安德鲁·帕坦（Roy Andrew Partain，2012）[1] 提出了韩国如何整合甲烷水合物的能量来源，如何发展低碳、绿色增长，以及新能源和可再生能源法和"能源法"框架，应对韩国的能源危机和气候变化危机。韩国是一个高度工业化的国家，有巨大的能源需求。必须进口的绝大多数韩国能源供应品，通常是由非韩国企业提供的。韩国也是受全球气候变化的影响显著的国家之一。韩国将面临比其他大多数发达经济体更多的海平面变化，降水和其他环境压力比其他大。韩国需要的能源解决方案，也将作为气候变化的解决方案，它需要一个绿色能源解决方案。甲烷水合物可能是该解决方案的一部分。先前发现的甲烷水合物储量可以取代所有的煤炭和原油的电流消耗。此外，甲烷水合物的相关技术可以降低成本、增加天然气运输的安全，更换昂贵的 LNG 选项或启用先前商业搁浅的天然气资源的开发。韩国应该在其他国家之前，带头作出努力。通过提供对甲烷水合物的承诺，韩国可能减少自身的碳排放成本，并协助中国和印度等邻国，通过协调与其他国家甲烷水合物储量的国家，韩国也可以更好地保护自己的能源独立。

（三）　发达国家碳关税征收情况

张宏伟（2012）[2] 基于澳大利亚碳税实施方案，立足碳税开征

---

[1]　Roy Andrew Partain（2012），"Korea's Green Energy Laws and Methane Hydrates"，Journal of Law and Policy Research，June 2012. Vol. 12. No. 2.

[2]　张宏伟：《我国碳税开征的风险规避策略研究——基于澳大利亚碳税开征设计方案》，《税收经济研究》，2012（6）。

风险角度，分别从经济性风险、社会性风险和制度性风险等方面，阐述中国开征碳税的潜在风险。在此基础上，借鉴澳大利亚化解碳税开征风险的举措，对中国碳税开征提出风险规避的理论建议。文章第一部分论述中国碳税开征的必要性；第二部分分析中国碳税开征存在的风险；第三部分介绍澳大利亚碳税风险及其解决方案；第四部分提出中国碳税开征的风险规避策略。

牛玉静等（2012）[①] 建立了一个综合描述全球经济、能源、环境的多区域 CGE 模型（GAGE 模型），定量分析多区域减排政策的碳泄漏情况，以及碳关税对碳泄漏的影响。研究结果表明：美国参与减排可显著降低碳泄漏；碳关税对碳泄漏有减缓作用，但只有当实施的区域足够大时才有显著影响；采用指标"有效减排量"比"碳泄漏率"能更有效地评估减排行动；碳关税并不能改善减排行动的成效，而是进行贸易保护的借口或进行国际气候谈判的筹码。

杨树旺等（2012）[②] 使用 1986～2010 年的数据探讨了三类不同来源的外商直接投资对中国碳排放的影响。通过时间序列的回归分析，得出以下结论：来源于中国港澳台地区的外商直接投资和韩国、东盟地区的外商直接投资对碳排放有负面影响，来自美国、日本、欧盟地区的外商直接投资对碳排放的影响不显著。通过分析其差异性的原因，提出以下建议：提高中国港澳台地区的外资质量，逐渐淘汰低产值、高能耗产业；加强投资环境建设，完善低碳法律体系，吸引发达国家投资；适时制定差异性碳关税政策，健全低碳环保激励机制，减少外商直接投资对碳排放的负面影响；培养和提高国民消费的低碳环保意识。

---

① 牛玉静、陈文颖和吴宗鑫：《全球多区域 CGE 模型的构建及碳泄漏问题模拟分析》，《数量经济技术经济研究》，2012（11）。

② 杨树旺、杨书林和魏娜：《不同来源外商直接投资对中国碳排放的影响研究》，《宏观经济研究》，2012（9）。

三、　中国不同省区市绿色经济

（一）　中国发展绿色经济的背景

当前，中国、印度等国家经济的快速增长给世界上相当一部分人口带来了福祉。并且由于经济的增长，发展中国家的注意力往往由经济变成环境。例如，世界银行最近的一份报告显示，中等偏下国家空气中的颗粒物（PM）是中等偏上和高收入国家的两倍。这种污染的成本表明促进经济增长不需要和更清洁的环境发生冲突。绿色增长即鼓励经济增长和环境保护并驾齐驱，应该在不损害环境的前提下谋求经济的长期稳定增长。[①]

中国政府 2011 年开始实施的《国民经济和社会发展第十二个五年规划纲要》明确了绿色发展的概念，提出了绿色发展的目标和激励约束机制，体现了中国绿色发展的整体思路和发展战略的整体优化。以绿色发展带动经济转型，以绿色经济、低碳技术为代表的新一轮产业和科技变革正在孕育，转变经济发展方式是大势所趋。[②]

（二）　中国当前绿色经济发展概况

测算结果显示，30 个省（区市）中，绿色发展水平排名前 10 位的是北京、天津、广东、海南、浙江、青海、云南、福建、上

[①]　David Popp（2012），"Department of Public Administration and International Affairs"，NATIONAL BUREAU OF ECONOMIC RESEARCH，November.

[②]　林永生、晏凌：《2012 年中国绿色发展指数报告发布暨绿色经济研讨会综述》，《经济学动态》，2012（10）。

海、山东；广西、湖南、宁夏、山西、河南位列后 5 位，有 16 个省区市的绿色发展水平低于全国平均水平。38 个参评城市中，绿色发展水平排名前 10 位的是深圳、海口、克拉玛依、昆明、广州、北京、大连、青岛、南京、福州；武汉、乌鲁木齐、郑州、兰州、西宁排名位列后 5 位，有 23 个城市的绿色发展水平低于平均水平。东部地区绿色发展水平相对较高，西部地区绿色发展资源环境禀赋优势相对明显，中部地区绿色发展压力相对较大。①

多年计算的平均结果显示，中国经济增长的 GDP 中至少有 18% 是靠资源和生态环境的透支实现的。2010 年 9 月，中国关于环境污染经济核算报告《中国环境经济核算 2010》绿皮书发布后，立刻引起全国政府部门的注意和警惕。该报告的主要数据显示，2010 年全国环境污染损失为 5118 亿元，占 2010 年 GDP 的 3.05%。其中，固体废物和污染事故造成的经济损失为 57.4 亿元，占损失 GDP 的 1.2%；大气污染的环境成本为 2198 亿元，占损失 GDP 的 42.9%；水污染的环境成本为 2862.8 亿元，占损失 GDP 的 55.9%。而这个数字反映的仅仅是狭义上的绿色 GDP，人文社会方面的资源损耗还没有被扣除。②

中国的环境污染是有据可查的，在中国的许多城市具有极高的空气污染水平。2013 年年初，中国北方陷入了可怕的雾霾天气，引起了世界的高度关注。某些城市的 PM2.5 浓度 250 微克每立方米，两倍、三倍甚至四倍于世界卫生组织认为健康的 40 倍的紧急数值。基于环境颗粒物浓度 PM10 标准，在世界上 20 个污染最严重的城市中，12 个城市位于中国。这种污染主要由于加热和电力部门（煤炭），以及工业和运输部门的排放所致。

直到最近，无论是中国对环境的保护优先考虑。在过去，经济

---

① 数据来源于《2012 年中国绿色发展指数报告——区域比较》。

② 徐千千：《从中国绿色 GDP 的实践看绿色经济在中国的发展潜力》，《经济研究》，2011（2）。

增长强调 GDP 作为地方官员政绩的主要评价标准，因此，地方官员大力引进高耗能、高污染产业来带动当地经济的发展，提高 GDP 数值，但与此同时，当地的自然环境却遭受了严重的破坏。但是，对环境造成的污染并不会影响他们的政治生涯。[①]

（三）绿色经济发展政策引导

从企业的角度来说，要树立绿色生产观。企业是经济发展的主体。企业绿色生产的成效，直接关系绿色发展的进程。要加大绿色投入，完善以企业为主体的投入机制，拓宽投入渠道，狠抓原材料采购、节能环保设施、绿色生产线、产品质量安全监管等环节，切实把好绿色生产准入关。强化绿色管理，实行在组织形式、产权结构、内部治理结构等方面体现环保要求的绿色财产权制度，健全包括利益分配形式和职工福利形式的绿色分配制度，完善以生产管理、组织管理、核算制度、审计制度为主要内容的绿色管理制度，切实把好绿色生产管理关。创新绿色技术，推广市场认可的环保型科技，发挥高新技术在绿色产业发展中的引领作用，建立符合绿色发展要求的技术创新体系，加快传统产业的绿色改造和升级，切实把好绿色生产技术关。制造绿色产品，严格绿色生产标准，把绿色、环保、安全的理念融入产品研发、生产、营销的各个环节，大力发展无污染、安全、优质的绿色产品，逐步调整优化企业产品结构，切实把好绿色产品关。[②]

技术创新在绿色经济发展中起着降低成本的重要作用。这种类型的发展方式在促进经济发展的同时也兼顾了环保问题，从而有效地促进了绿色增长。中等偏上和高收入国家已经能够更好地处理一

---

① Danglun Luo（2013），"Incentivizing China's urban majors to mitigate pollution externalities: the role of the central government and public environmentalism"，NBER，March.

② 方时娇：《绿色经济发展引导》，《宏观经济研究》，2012（2）。

些污染物，如当地的环境质量变好的原因之一就是通过使用先进的污染治理技术。但是，使用这些技术往往需要一定的初始成本，这些成本可能使人对于短期的投入所带来的收益产生争论。但是毋庸置疑，这种发展方式长期来看对于民众身体健康状况的改善和生活水平的提高也是本质性的。另外，政府应鼓励企业提高能源、资源的利用效率，降低成本更有效地促进相关产业的发展。许多技术开发的固定成本已经由发达国家支付。因此，问题的关键在于这些技术要向发展中国家逐步转让。[1]

四、 经济可持续发展问题

自20世纪50、60年代起，人类创造了前所未有的物质财富，极大地推动了文明的进步。然而，在这文明的背后，却隐藏着深刻的忧患与不安：资源短缺、环境污染、生态破坏、臭氧层锐减、温室效应、人口剧增等严重问题。面对这些问题，人们不得不对产业革命以来工业化发展道路、经济增长方式进行重新审视，试图寻找一种不同于传统工业化发展方式的新的发展模式，确立一种全新的社会观念，这就是80年代所提出的可持续发展概念和理论。本书对国际可持续发展理论研究的若干重要领域：定义、资源的最优利用和可持续利用、环境保护和可持续性、可持续发展指标和评价方法作一个综述。

（一） 可持续发展的定义论争

可持续发展问题的定义有10多种，其中，最有代表性，也是

---

① David Popp（2012），"Department of Public Administration and International Affairs"，NBER，November.

影响较大的可持续发展的定义，可概括为以下几类：

（1）可持续发展的目标是发展，保证人类生存。在持续发展思想孕育的早期，许多经济学家和生态学家持这一观点。巴伯在其著作中，把可持续发展定义为"在保护自然资源的质量和其所提供的服务的前提下，使经济发展的净利益增加到最大限度，以保证维持最多人数的生存"。

（2）可持续发展的本质是寻求经济与环境生态之间的动态平衡。雷德利夫特（2012）[1] 指出，当由于经济行为导致的环境污染使生态差异量和种类量减少，环境质量下降时，生产和经济系统在遭受环境和其他条件恶化影响下的恢复性就低，这样，从长期来看，系统就难以保持持续发展。因此，持续发展的本质在于维持生产和经济系统的恢复性，即寻求经济与环境之间的动态平衡。一些生态学家和经济学家将可持续发展明确定义为"保护和加强环境系统的生产和更新能力"，即可持续发展是不超越环境系统再生能力的发展，是寻求一种最佳的生态系统以支持生态的完整性和人类愿望的实现，使人类的生存环境得以持续。

（3）可持续发展的核心在于公平性，维持几代人的经济福利。布伦特兰（2012）[2] 在她提交给联合国世界环境与发展委员会《我们共同的未来》的报告中，把可持续发展定义为：既满足当代人的需要，又不对后代人满足其需要的能力构成危害的发展。这个定义在国际社会得到普遍认同和广泛引用。蒂坦伯格指出，可持续发展的核心在于公平性，使后代的经济福利至少不低于现一代，即现一代在利用环境资源时不使后代的生活标准低于现一代。经济学家皮尔斯等认为："可持续发展是追求代际公平的问题，当发展能够保证当代人的福利增加时，也不会使后代人的福利减少"。世界银行

---

[1]　M. Redelifi（2012），"The Multiple Dimensions of Sustainable Development"，Geography.

[2]　Brundland（2012），"Our Common Future".

负责环境与可持续发展的副行长塞拉杰尔汀[1]指出，可持续发展就是给予子孙后代和我们一样多的甚至更多的人均财富。

（二）资源的最优利用和可持续利用

资源经济学把自然资源分成两大类来研究。一类是"可再生资源"，例如，土地、空气、森林；另一类是"可耗竭资源"，例如，矿产。霍特林（1931）[2]于1931年在美国《政治经济学》刊物上发表了"可耗竭资源的经济学"一文，他第一个提出完全竞争条件下矿产资源（或一般可耗竭资源）在开采成本不变时，资源产品的市场价格和开采成本之差的增长率等于利息率的变动关系，也称为"霍特林规则"。霍特林认为，可耗竭资源的价格及相等问题可以视为再生资源问题的一个特例，即再生率等于零时的情况。因此，霍特林规则也同样可以用来描述可再生资源的最优开采问题。即当给定资源的自然再生率和社会对此资源的随时间变化的需求曲线时，求解各年的开采量，使后世永续利用中的贴现收入为极大。关于资源的可持续利用问题，达斯格普塔认为，实现资源的可持续利用或可持续消费，取决于生产中不变资本与资源量之间的替代弹性值（即不变资本替代资源流量或消耗量的比例），如果固定资产或不变资本增加1%所替代的资源流量大于1%，则资源可持续利用，否则将至枯竭。他还指出，可以通过技术进步与创新，逐步减少对枯竭性资源的依赖。

在探讨自然资源的开采利用和生物多样性保护过程中，美国经济学家西里阿希·旺特卢普（2012）[3]在《资源保护：经济学与政策》一书中，提出了最低安全标准法思路。他指出，生态环境破坏

---

[1] Pearce. D. W. & Atkinson G. （2012）, "Are National Economics Sustainable?", Working Paper 92 – 11, London：University College.

[2] Hotelling（1931）, "Economics of exhaustible resources", Political Economy.

[3] Ciracy Wantrup（2012）, "Resource conservation", economics and policy.

的后果具有不确定性，可能造成无法弥补的损失，产生不可逆转的影响。为了防止这一点，就有必要采用最低安全标准。其基本思路是以当代道德规范，为当代人和后代人设计某种代际间的社会合约。若将人类活动对自然系统的损害用费用大小和不可逆性的程度两个变量来表示，则当代人应把人类行为对自然系统的影响控制在一定的损失和不可逆性界限（最低安全标准）以内，在此前提下再考虑自然资源的开采和利用的问题。在西里阿希旺特卢普的研究基础上，托曼考虑了最低安全标准与传统的费用—效益分析方法之间的关系，他提出了建立自然资源开发利用标准的两种方法：一种是通过确立最低安全标准来要求当代人承担某种道德责任；另一种是通过费用—效益分析来权衡利弊得失。前一种方法适用于人类决策对自然资源和环境的影响不能确定、但可能相当大和不可逆转三种情况；后一种方法则适用于人类决策对自然资源和环境的影响可以确定，但相对较小和可以逆转的场合。对自然资源的可持续利用问题研究中，佩基、霍华思等是有贡献的。

（三）环境保护和可持续分析

英国经济学家博尔丁（1961）[1] 将系统方法应用于经济与环境相关性的分析，他认为，由于有限的原材料和能源以及对于生产和消费废物的有限储存量，经济系统是一个闭环系统，他倡导建立既不会资源枯竭，又不会造成环境污染和生态破坏的、能循环利用各种物质的"循环式"经济体系来替代过去的"单程式"经济。

戴利将古典经济学的"稀缺"概念延伸到更为广义的环境，并提出了稳态经济的构想。戴利相信人类具有克服环境资源稀缺的能力，但不主张人类应用这种能力去征服自然，开发利用所有的自然资源。他倡导自然环境、人类和财富均应保持在一个"静止"稳定

---

[1]　Boulding（1961），"Evolutionary Economics". Sage Publications.

的水平，而且这一水平要远离自然资源的极限水平，以确保不可再生资源的低速消耗，防止环境的破坏和自然美的大量消失。乔治斯库罗金运用热力学原理，对环境资源稀缺问题进行了深入分析，结果表明：自然资源的稀缺和环境污染状态可以通过新资源的开采、废物再循环和污染控制技术的应用等得到改善。他指出，戴利的"稳态经济"和舒马赫的"小型化经济"并非是从根本上解决问题的方法。在他看来，解决经济与环境矛盾的根本出路在于：生产具有良好耐用性的商品；鼓励太阳能技术的开发应用。70年代后期，美国环境经济学家佩奇（2012）[①] 研究了技术进步的环境效应，在《环境保护与经济效率》一书中提出了"技术进步的非对称性"的概念，即资源开发技术和环境保护技术的不对称性。研究结果显示，资源开发利用技术的进步是市场自身力量推动的结果，多方位、多触角，反应快，周期短，投入产出比高；环境保护的进步是政府干预的结果，非市场经济的自然产物，往往反应慢，时间滞后，周期长，市场效益低。因此，技术进步在客观上可能促进环境资源的开发利用，不利于环境的保护与持续。进入80年代，酸雨和温室效应已成为全球性问题，环境污染不仅加剧资源的短缺，而且污染物累积量已经直接威胁到人类的生存和发展。因此，污染物累积量与环境吸收废物容量间的关系，成为国际社会的研究焦点。西伯特研究表明，环境对于污染物的容纳能力是常量，这构成了经济增长的极限，而另一些研究者则认为，环境的纳污能力与污染物的积累量之间存在两种关系：第一，环境吸收和降低污染的能力是随污染的积累量增加而增加；第二，环境吸收污染物的能力是污染物的积累量的严格凹函数。当第一种关系成立时，污染物积累量不构成对经济发展的威胁。而当出现第二种关系时，仅当污染物积累量超过某一阀值时，才可能制约经济发展。

---

① Page（2012），"Environmental protection and economic efficiency"，2012.

（四） 可持续发展指标和评价

可持续发展指标和评价方法的研究是可持续发展研究的重要领域之一，受到国际社会的高度重视。

（1）修正传统 GNP 反映环境资源状况。可持续发展理论是建立在批判单纯追求经济增长的传统发展模式基础上的。因此，很自然地，可持续发展指标的一部分研究工作集中在如何以可持续发展的原则来修正传统的 GNP 指标，以反映环境资源的损耗状况，更真实地测度社会经济发展水平。

（2）利弗曼等（2012）[①] 确定的可持续发展的 8 项基本标准。利弗曼等在总结过去可持续发展指标和评价方法研究的基础上，提出了确定可持续发展指标的 8 项基本标准，这些标准强调了指标的时空性、可预测性、价值性、可逆性或可控性、整合性、公平性以及可获得性和可用性。

（3）世界银行的国家财富方法。世界银行于 1995 年 9 月提出了以"国家财富"为依据来测度各国发展的可持续性方法。世界银行认为，一个国家的财富除了自然资本、人造资本和人力资本之外，还应包括社会资本，即社会赖以正常运转的制度、组织、文化内聚力和共有信息等。世界银行除了提出社会资本的概念之外，其真正贡献在于通过了一整套资产评估和计算方法及自然资源、人力资本和人造资本的构成比例 20：16：64，为 90 个国家和地区建立了 25 年的时间序列，以动态分析这些国家或地区财富变化的趋势。

（4）荷兰国际城市环境研究所（HUE）的城市评价模型。荷兰国际城市环境研究所建立了一套以环境健康、绿地、资源使用效率、开放空间与可入性、经济及社会文化活力、社区参与、社会公

---

① Liverman D. M. , Hanson M. E. , Bromnetal B. J. "Global sustainability: Toward measurement", Environmental Management, 1988, 12 (2), pp. 133 – 143.

平性、居民生活福利等 10 个指标组成的评价模型，用以评价城市的可持续性。

（5）联合国可持续性发展委员会（CSD）的可持续发展指标体系。该指标体系试图适应不同国家的国情背景和发展条件以及未来不断发展变化的需要，采用了开放的菜单形式，使得各国在实际应用中，既可保持指标概念、定义、分类的标准化，维持国际的可比性，同时，指标选择又具有较大的灵活性和通用性。该指标菜单分为社会、经济、资源环境和机构制度等方面，共包含 147 条指标。

（6）中国的可持续发展指标体系。中国国家统计局统计科学研究所和中国 21 世纪议程管理中心依据中国国情，于 1997 年 5 月提出了中国国家级的可持续发展统计指标体系。该指标体系分为经济、社会、人口、资源、环境和科技六大子系统，对中国可持续发展状况实施全方位的统计描述、监测和评价，为中国可持续发展的宏观管理和决策提供依据。

（五）中国能源消耗、二氧化碳排放与中国工业的可持续发展

李小平等（2012）[①] 提到，国际贸易是技术进步的重要原因，技术进步带动可持续发展。本文采用 DEA 方法将中国 32 个工业行业的全要素生产率增长分解为技术效率和技术进步的增长，分别就出口和进口对生产率增长的影响作了实证分析。我们发现，在 1998～2003 年，工业行业的全要素生产率增长的原因主要是各行业的技术进步增长，而不是技术效率的提高；贸易开放度高的行业并不比贸易开放度低的行业具有更高的技术效率和规模效率；出口和生产率增长的关系不显著；但进口显著地促进了工业行业的全要素生产率增长和技术进

---

① 李小平、卢现祥和朱钟棣：《国际贸易、技术进步和中国工业行业的生产率增长》，《经济学（季刊）》，2008（1）。

步的增长。所以，调整中国的进、出口贸易模式显得很有必要。

林伯强、何晓萍（2012）[①] 共同研究了由于不可再生能源资源的稀缺性，现在开发能源资源对未来使用者福利和经济可持续发展的影响。采用 ElSerafy 的使用者成本法对中国油气资源耗减的估计结果，发现了在近几年加快油气资源开发利用的同时，中国油气资源耗减的成本在快速增加。征收资源开采税可以反映资源的耗减成本，纠正目前能源资源价值低估和能源价格扭曲，使价格能真正反映资源的稀缺程度。CGE 模型的定量分析表明，对油气开采行业征收 20% 以下的资源税，宏观经济负面影响并不大，但它顾及稀缺性资源耗减问题对后代福利的影响，从而具有可持续发展的意义。

（六）区域可持续发展的研究

陆大道、樊杰（2012）[②] 研究发现，中国区域的可持续发展研究的兴起，是在全球可持续性科学蓬勃发展中、以着力解决中国区域可持续发展模式为特色的学科创新。将区域作为一个开放、动态变化的系统，探讨其对经济全球化和全球气候变化的响应状态及应对能力，研究区域系统中区域之间的相互作用和相互依赖以及区域内部不断增长的发展需求与资源环境约束之间的协调程度，解剖在科技、体制、文化不断创新驱动下的区域经济持续增长的竞争能力，成为区域可持续发展领域最受关注的科学命题，也使区域可持续发展研究在弥补地球系统科学重自然圈层相互作用、自然与人文圈层相互作用的缺陷方面具有独到的学科价值。区域可持续发展研究在助推中国实施可持续发展战略中发挥了重要作用，关于可持续城市化和交通基础设施建设的咨询报告、主体功能区划和灾后重建

[①] 林伯强、何晓萍：《中国油气资源耗减成本及政策选择的宏观经济影响》，《经济研究》，2012（5）。

[②] 陆大道、樊杰：《区域可持续发展研究的兴起与作用》，《中国科学院院刊》，2012（3）。

的资源环境承载能力评价的研究成果以及国家和地方重大地域规划的研制，在促进区域差异化发展、重视资源环境承载能力、优化经济布局、走可持续工业化和城市化道路方面，影响了中央政府和地方政府决策，转换为政府行为，已经或正在改变着中国的区域可持续发展的进程。

冯颖等（2012）[①] 从区域可持续发展能力的角度出发，结合山东省临沂市各区县的实际情况，选取 2009 年山东省临沂市各区县的生产总值、农民人均收入、第三产业占 GDP 比重、污水处理厂集中处理率等 19 项指标，构建了临沂市区域可持续发展能力评价指标体系，并利用因子分析和聚类分析的方法对临沂市 13 个区县的可持续发展能力进行评价。结果表明：临沂市各区县的可持续发展能力存在明显差距，两极分化比较严重，兰山区最强，河东区最差，其他区县居于一般水平。评价结果比较客观地反映了临沂市各区县发展的具体实际，为提高其可持续发展的能力提供了理论依据。

孙莉英等（2012）[②] 基于可持续发展能力评价指标体系，利用快速评估方法，对全国 2339 个县（市）1990～2005 年可持续发展能力的动态变化进行研究。结果表明，1990～2005 年中国平均可持续发展指数由 0.38 增为 0.50，可持续发展能力呈上升趋势。不同区域可持续发展能力等级结构比较结果表明，1990～2005 年中国东、中、西部可持续发展能力均呈上升趋势，可持续发展等级由低向高转变。东部地区可持续发展能力高于中、西部地区。通过城乡可持续发展能力等级结构比较分析，表明 52 个主要城市可持续发展能力远高于县域地区，以点状和带状为特征的城市圈和城市群对可持续发展能力的促进作用明显。

---

① 冯颖、类延忠、左太安和晏光进：《基于因子分析法及聚类分析法的区域可持续发展能力评价研究——以山东省临沂市为例》，《经济研究导刊》，2012（20）。

② 孙莉英、倪晋仁、蔡强国和毛小苓：《中国县（市）可持续发展能力变化趋势研究》，《北京大学学报》，2012（5）。

五、 光伏产业和绿色新能源产业

（一） 光伏产业及绿色新能源产业现状、问题及发展

徐枫、李云龙（2012）[①] 指出，近年来，中国光伏产业发展迅速，但仍处于起步阶段，面临着诸多问题和发展困境。本文运用产业组织理论中的 SCP 范式对中国光伏产业的市场结构、市场行为和市场绩效进行分析，总结出中国光伏产业的现状和面临的问题，如对国际市场的依赖程度过高，光伏应用存在较高的技术壁垒，装机量总体市场规模仍偏小，产能利用率过低等问题，这些问题迫切需要政府加以引导和解决。最后，本文从法律、技术、财税、金融四个方面提出促进中国光伏产业发展的政策建议：（1）进一步完善法律法规制定，以提高光伏产业的战略地位；同时，加快公共平台建设与产业标准制定，以提高产品质量，提高产能过剩环节的进入壁垒；（2）加大对光伏产业技术创新的扶持力度，以增强产业核心竞争力，降低光伏应用等环节的技术壁垒；（3）进一步增加财政投入，扩大补贴范围，加大减免税收力度，以促进光伏应用，降低中国光伏产业对国际市场的依赖；（4）继续建立、健全金融市场，完善企业融资渠道，提高企业融资规模，以促进产业并购、技术创新和光伏并网应用。

A. 米德利、I. 丁斯尔和 M. A. 罗森 （A. Midilli, I. Dincer & M. A. Rosen，2012）[②] 基于绿色能源的可持续发展和全球稳定之间

---

① 徐枫、李云龙：《基于 SCP 范式的我国光伏产业困境分析及政策建议》，《宏观经济研究》，2012（6）。

② A. Midilli, I. Dincer & M. A. Rosen（2012），"The Role and Future Benefits of Green Energy"，Journal of International Money and Finance，2012.3.

的关系进行了研究。考虑全球动荡与稳定，绿色能源的影响和以绿色能源为基础的可持续发展，对文献中使用的实际数据进行参数研究，举出一些例子介绍和讨论。结果表明，工业的负面影响通过使用绿色能源和技术部分地或完全地减少。另外，应限制或减少化石燃料的利用率，应加速过渡到绿色能源为基础的技术时代。这包括政府和其他机构鼓励投资绿色能源和化石燃料的替代品。

菲舍、多里斯（Fischer & Doris, 2012）[1] 指出，大型低碳技术扩散（LCTS）是减缓气候变化的一个重要因素。然而，LCTS 扩散面临着一些障碍，特别是在发展中国家和新兴国家。中国光伏（PV）悖论是这种困境的一个例证：中国是世界上最大的光伏电池和模块生产商。然而，直到最近，中国也没有太大规模的光伏能源装置。文章分析了阻碍太阳能光伏能源的使用相关的技术、政策与帮助克服这些障碍的因素。

（二）新能源产业的实例分析

1. 欧盟

邱立成，曹知修和王自锋（2012）[2] 指出，新能源产业集聚的形成可以促进产业效率的提高，增强创新能力，从而推动新能源对传统能源的有效替代。本文使用面板数据模型对欧盟及相关国家的新能源产业集聚效应影响因素进行了实证检验。研究发现，政策系数、能源依赖度和能源价格对新能源产业集聚的影响显著，新能源产业激励政策对新能源产业集聚有重要作用。

---

[1] Fischer & Doris (2012), "Challenges of Low Carbon Technology Diffusion: Insights from Shifts in China's Photovoltaic Industry Development", *Innovation and Development*, 2012. 3.

[2] 邱立成、曹知修和王自锋：《欧盟新能源产业集聚的影响因素：1998～2009 年面板数据模型的实证分析》，《世界经济研究》，2012（9）。

2. 中国

刘春义（2012）① 认为，新能源产业是进入 21 世纪以后发展迅速、综合性、高技术极具战略性的新兴产业，发展新能源产业是解决中国经济平稳、较快发展与能源"瓶颈"之间矛盾的关键。他利用 SWOT 分析方法综合分析目前太阳能光伏产业国际化发展的优势、劣势及存在的机遇和挑战，概括如下：（1）优势（S）：自然资源，人才与技术，拥有一批先进骨干企业。（2）劣势：技术水平与发达国家比相对落后，偏重扩大产能，轻科技研发，存在技术"瓶颈"。中国处于国际光伏产业链的低端。（3）机遇：①为了使中国经济从金融危机中走出来，中国在国家战略层面提出发展战略性新兴产业，有力地推动了新能源产业的发展。②以美国为首的发达国家为了尽快从金融危机的泥沼中走出来，率先提出发展以可再生能源为首的高科技产业，形成了拉动经济增长的新增长极。（4）威胁：国内同行业竞争激烈，国际产业分工格局不利于中国。通过对中国光伏产业的国际化发展条件和现状的分析，提出和总结光伏产业国际化发展过程中存在的问题和经验积累，最后提出实际有效的有利于中国新能源产业国际化发展的战略对策：加大政策扶持，鼓励多样化投资；增加科研投入力度，加强紧缺技术研发人员的培养和引进；站在战略高度处理好消费型国家和资源型国家的关系；新能源企业的"走出去"战略。

3. 德国

蒂洛·格劳、霍莫林和卡尔斯滕·诺伊霍夫（Thilo Grau, Molin Huo & Karsten Neuhoff, 2012）② 指出，光伏（PV）技术已经表

---

① 刘春义：《我国新能源产业国际化发展的 SWOT 分析——以光伏产业为例》，《中国人口资源与环境》，2012（1）。

② Thilo Grau, Molin Huo & Karsten Neuhoff (2012), "Survey of photovoltaic industry and policy in Germany and China", Energy Policy, December 2012.

现出显著的降价，但全球大规模应用光伏需要进一步的技术改进和成本的降低。文章调查了在德国和中国的政策，鼓励追求创新的产业因素，包括部署的支持，投资支持以及研发支持措施。虽然已经成功部署支持，但投资支持、研发支持一直较为薄弱。本文以对全球政策协调机会的讨论作为落脚点。

（三）国外绿色新能源的发展及启示

李晓西、郑艳婷和蔡宁（2012）[1] 将系统地梳理、归纳美国、日本、欧盟、英国等国家和地区历史上和正在实施的能源绿色发展战略，并比较分析各国的成功措施和先进经验，为中国实施能源绿色战略提供历史借鉴。推进中国能源绿色战略的政策建议，中国是传统能源生产和消费大国，中国传统能源的绿色水平较低，推进中国传统能源绿色发展的工作任重而道远。发达国家在发展能源的绿色生产、绿色技术和绿色消费方面拥有丰富的经验，其发展水平领先世界，值得中国等发展中国家借鉴和学习：（1）建立健全能源绿色战略法律体系，中国应提高能源绿色发展的战略性、前瞻性和可操作性，为中国能源转型提供坚实的法律保障。另外，中国还应该及时、灵活地对不同绿色能源进行转向立法，提高风能、太阳能、生物质能、水能等具体行业的发展战略，并修订新能源法律以增强新能源发展在立法上的连续性和一致性，保证能源绿色战略的不断改善和持续执行。（2）推动完善能源绿色战略支持体系，新型产业的发展初始阶段离不开政府和社会的支持，发达国家大都建立了具体而行之有效的新能源发展支持体系，支持体系大概包括法律支持、财政支持、税收支持、金融支持和贸易支持等。在完善能源绿色化转型的支持体系、扩大支持范围的同时，还要增加支持力度。

---

① 李晓西、郑艳婷和蔡宁：《能源绿色战略的国际比较与借鉴》，《国家行政学院学报》，2012（6）。

新能源关乎经济社会和人类生存发展的未来，应从长远利益考虑，大力支持绿色能源的开发和利用。特别是要加强财政投入、税收优惠、投资鼓励等方面的支持力度，确保新能源产业能够在宽松、适宜的环境中发展壮大。（3）鼓励引导能源绿色技术投资，日本、美国、德国、法国等都十分重视绿色能源研发，将技术视为新能源战略的根本立足点，凭借技术优势取得绿色能源及未来经济在全球的领导权。绿色能源发展要靠公共财政大力投入。（4）整合协调能源绿色战略执行主体，能源利用转型将是一个长期过程，能源绿色转型离不开有效的制度设计。新能源开发利用一方面需要区分清楚市场与政府的功能定位；另一方面要充分发挥市场与政府的各自优势，为能源利用转型提供科学、可行的组织和制度基础。

（四）绿色新能源产业其他研究

于立宏、郁义鸿（2012）[①] 针对中国光伏产业现有政策存在的缺陷，构建一个基于产业链平衡发展的政策系统框架，以作为未来政策调整的基础。基于中国国情，光伏产业促进政策具有目标的多层次和多元化的特性，构建基于产业链的政策体系，应以发挥市场机制主体作用为核心，以扩大需求为导向进行政策的调整，并在各项政策之间特别是产业链上下游政策之间满足兼容性的要求。

崔俊基、福特纳吉斯和瓦西利斯（Choi Jun – Ki, Fthenakis & Vasilis, 2012）[②] 指出，光伏（PV）发电市场已经在过去10年蓬勃发展，其扩张与新技术的发展预计将继续。考虑到使用的宝贵资源和光电技术的生命周期，决定主动规划完善的光伏回收基础设施，以确保其可持续性。光伏发电有望成为一种绿色技术，将为妥善回

[①] 于立宏、郁义鸿：《光伏产业政策体系评估：多层次抑或多元化》，《改革》，2012（8）。

[②] Choi Jun – Ki & Fthenakis Vasilis（2012），"Economic Feasibility of Recycling Photovoltaic Modules"，Journal of Industrial Ecology, 2012. 1.

收计划提供机会，也就是说，提高生命周期环境质量。这篇文章使用了基础设施的其他产品的回收过程这一数学模型，提出了一个实际的回收过程中的薄膜光伏技术的运作模式。文章发现，在模型检验下，一些情形表明利润回收，而在其他情况下，它是无利可图的。情景 SC4，它代表了最有利的情况下考虑所有费用及所有收入上限下限，每月将产生利润为 107000 美元，而最不利的情况下，会导致每月损失 151000 元。

雷切尔斯顿·斯特凡、约斯顿·迈克尔（Reichelstein Stefan，Yorston Michael，2012）[①] 指出，近年来太阳能光伏（PV）安装以迅猛的速度在全球发展。文章对于这种电力来源的成本竞争力提供了一个全面评估。根据数据认为，商业规模的安装已经达到成本平价，这个结论是在这个意义上，从太阳能光伏发电的电力成本与商业用户支付来看，至少在美国部分地区的电力零售价格依赖于当前的联邦税收补贴太阳能发电和太阳能安装的地理位置。观察行业的发展趋势，文章估计，公用事业规模的太阳能光伏发电设施都在发展过程中，商业规模的装置可以达到"平价上网"。

① Reichelstein Stefan & Yorston Michael. "The Prospects for Cost Competitive Solar PV Power", Journal of Industrial Ecology, 2012. 10.

参 考 文 献

中文文献：

［1］Charles Wyplosz：《欧洲货币联盟设计中的缺陷》,《国际经济评论》, 2012（12）。

［2］Nathan Sheets、Elina Ribakova、Robert A Sockin：《全球经济失衡展望——依实证与专题研究的视角》,《金融发展评论》, 2012（5）。

［3］安立伟：《美国地方政府债务管理的民主思想分析与借鉴》,《财政研究》, 2012（9）。

［4］白暴力、白瑞雪：《价格总水平上涨的微观机制分析——兼论货币政策的失效》,《经济纵横》, 2012（1）。

［5］比托尔·康斯坦西奥：《欧央行的非常规货币政策》,《中国金融》, 2012（2）。

［6］毕吉耀、张哲人：《2012 年外贸形势及 2013 年展望》,《国际贸易》, 2013（2）。

［7］卞志村、孙俊：《开放经济背景下中国货币财政政策的非对称效应》,《国际金融研究》, 2012（8）。

［8］宾建成：《新国际分工体系下中国制造业发展方向与对策》,《亚太经济》, 2013（1）。

［9］蔡春林、刘畅：《金砖国家发展自由贸易区的战略冲突与利益协调》,《国际经贸探索》, 2013（2）。

［10］蔡彤娟、金山：《欧元区单一货币政策区域非对称效应

的实证研究——基于 VAR 方法的检验》,《国际金融研究》, 2012 (6)。

[11] 曹星:《财政货币政策配合效应与宏观经济稳定》,《山东财政学院学报》, 2013 (1)。

[12] 陈安平:《地区收入差距与空间距离: 配对估计结果》,《数理统计与管理》, 2013 (3)。

[13] 陈洪燕:《乡镇企业的环境污染问题及其对策分析》,《经济研究导刊》, 2012 (31)。

[14] 陈昆亭、周炎:《中国经济周期波动特征分析: 滤波方法的应用》,《世界经济》, 2012 (10)。

[15] 陈凌白、冯强:《欧债危机对全球经济的影响分析》,《时代金融》, 2012 (32)。

[16] 陈磊、侯鹏:《量化宽松、流动性溢出与新兴市场通货膨胀》,《财经科学》, 2012 (10)。

[17] 陈万灵、韦晓慧:《金砖国家经贸合作关系的定量分析》,《经济社会体制比较》, 2013 (1)。

[18] 陈新平:《治理通货膨胀: 货币政策的制约因素及成因分析》,《云南财经大学学报》, 2008 (5)。

[19] 陈媛媛:《市场分割下的地区市场规模对工业部门出口的影响研究——只是简单的线性关系么?》,《世界经济研究》, 2012 (4)。

[20] 程恩富等:《当前西方资本主义危机引发的困境及其出路》,《当代世界》, 2012 (5)。

[21] 程美东、靳建芳:《理性看待中国当前的贫富分化问题》,《当代世界与社会主义》, 2012 (4)。

[22] 程晓明、陈国亮:《中国商业银行发展国际贸易融资业务问题及对策研究》,《中国证券期货》, 2013 (1)。

[23] 崔宇明、王洋:《国际区域经济合作模式对中日韩经济合作先行试验区建设的启示》,《山东社会科学》, 2012 (10)。

［24］崔占峰：《中国农业剩余劳动力转移就业问题研究》，博士论文，2012。

［25］邓斌、薛杨：《中国参与世界经济失衡调整的战略研究》，《现代管理科学》，2012（11）。

［26］邓春鸣：《评析欧元区货币市场与货币政策》，《国际金融研究》，2012（8）。

［27］丁国杰：《深化中小企业融资创新》，《中国金融》，2012（4）。

［28］丁赛尔：《巴西外国人就业管理制度及对中国的启示》，《中国劳动保障报》，2012年10月19日。

［29］丁重、邓可斌：《全球经济失衡：中国的位置和治理参与抉择"，2012（12）。

［30］董书慧：《欧元区国家财政政策协调的路径选择》，《国际经济合作》，2012（2）。

［31］范建军：《美国QE3及其对全球经济的影响》，《学术研究》，2012（10）。

［32］方惠、尚雅楠：《基于动态钻石模型的中国文化贸易竞争力研究》，《世界经济研究》，2012（1）。

［33］方时娇：《绿色经济发展引导》，《宏观经济研究》，2012（2）。

［34］方笑君、孙宇：《新时期亚太经济一体化进程分析》，《国际商务》，2012（4）。

［35］冯丽：《金砖五国：后金融危机时代的竞争与合作》，《现代商业》，2013（2）。

［36］冯诗杰：《中国货币政策效应时滞性的实证分析》，《东方企业文化》，2012（1）。

［37］冯颖、类延忠、左太安、晏光进：《基于因子分析法及聚类分析法的区域可持续发展能力评价研究——以山东省临沂市为例》，《经济研究导刊》，2012（20）。

[38] 伏润民、缪小林、师玉朋：《政府债务可持续性内涵与测度方法的文献综述——兼论中国地方政府债务可持续性》，《经济学动态》，2012（11）。

[39] 付伯颖：《后金融危机时期发达国家财政政策及借鉴》，《地方财政研究》，2012（1）。

[40] 高帆：《中国地区经济差距的"空间"和"动力"双重因素分解》，《经济科学》，2012（5）。

[41] 顾朝林：《世界城市研究的几个核心问题》，《城市与区域规划研究》，2012（1）。

[42] 顾淑花、李晓霞：《就业困局与突破——当前中国就业情况的解读和改善》，《甘肃科技》，2012（10）。

[43] 关雪凌、张猛：《成立金砖国家开发银行正当其时》，《中国金融》，2012（18）。

[44] 郭连成、杨宏、王鑫：《全球产业结构变动与俄罗斯产业结构调整和产业发展》，《俄罗斯中亚东欧研究》，2012（6）。

[45] 郭艳红：《关于环境财政政策的文献研究》，《经济论坛》，2012（7）。

[46] 国家发改委经济研究所课题组：《积极财政政策转型与财政可持续性研究》，《经济研究参考》，2012（2）。

[47] 郭丽萍：《论可持续发展与绿色 GDP》，《中国西部科技》，2013（3）。

[48] 韩笑：《浅析中国的国际贸易融资以及中小企业融资状况与对策》，《中国证券期货》，2012（12）。

[49] 何帆、郭泰：《世界经济形势展望与中国对策》，《中国金融》，2012（2）。

[50] 何菊香：《金砖四国 FDI 与经济增长关系的实证分析》，《管理评论》，2011（9）。

[51] 何为：《欧元区的货币政策》，《中国金融出版社》，2012年版。

［52］何雄浪：《区域效应与集聚效应：中国地区间实际收入差距成因探究》，《天津财经大学学报》，2012（11）。

［53］何杨、满燕云：《地方政府债务融资的风险控制——基于土地财政视角的分析》，《财贸经济》，2012（5）。

［54］胡鞍钢、马伟：《现代中国经济社会转型：从二元结构到四元结构（1949~2009年）》，《清华大学学报》（哲学社会科学版），2012。

［55］胡朝晖、李石凯：《美国双缺口、对外债务与经济增长》，《世界经济研究》，2013（2）。

［56］胡丽慧：《浅析中国城市的发展》，《经济研究导刊》，2012（6）。

［57］胡文晓：《浅谈中小企业国际贸易融资问题》，《科学与财富》，2012（10）。

［58］黄梅波、陈燕鸿：《当前金融危机下的国际宏观经济政策协调》，世界经济与政治，2009（4）。

［59］黄梅波、王珊珊：《美国国债危机的根源及出路》，《亚太经济》，2012（1）。

［60］黄薇、陈磊：《金砖国家汇率制度演进研究——兼论危机前后金砖五国汇率表现》，《世界经济研究》，2012（4）。

［61］黄薇、韩剑：《G20参考性指南——治理全球经济失衡的第一步》，《金融评论》，2012（1）。

［62］黄薇：《金融危机后的全球经济治理改革——全球经济治理之全球经济再平衡》，《南开学报（哲学社会科学版)》，2012（1）。

［63］黄宪、王露璐、马理、代军勋：《货币政策操作需要考虑银行资本监管吗?》，《金融研究》，2012（4）。

［64］黄燕君，曲冠楠：《试析浙江民营经济转型路径及特征》，《经济研究导刊》，2012。

［65］黄永斌：《Research on Spatial-temporal Evolvement of Urban Compactness and Urban Efficiency in China Based on the Model of ESDA and DEA》，《经济科学》，2012。

[66] 黄励岗、陈溪华：《亚洲货币一体化的前景分析》，《南方经济》，2003（11）。

[67] 71. 霍伟、杨碧琴：《加强区域经济协调应对全球经济失衡——基于 CAFTA 战略的视角》，《当代经济研究》，2012（5）。

[68] 贾驰：《浅谈中小企业国际贸易融资策略》，《河北企业》，2013（1）。

[69] 江曙霞、陈玉婵：《货币政策、银行资本与风险承担》，《金融研究》，2012（4）。

[70] 姜华东：《美国"财政悬崖"的形成机制与经济弱复苏》，《亚太经济》，2013（1）。

[71] 姜跃春：《亚太区域合作的新变化与中日韩合作》，《东北亚论坛》，2013（2）。

[72] 金玲：《欧债危机中的"德国角色"辨析》，《欧洲研究》，2012（5）。

[73] 孔丹凤：《中国货币政策规则分析——基于泰勒规则和麦克勒姆规则比较的视角》，《山东大学学报（哲学社会科学版）》，2008（5）。

[74] 赖平耀、武敬云：《"金砖国家"经贸合作面临的机遇和挑战》，《统计研究》，2012（2）。

[75] 雷达、赵勇：《全球经济再平衡下的中美经济：调整与冲突》，《南开学报（哲学社会科学版)》，2013（1）。

[76] 李杨：《金砖国家服务贸易竞争力比较及其合作研究》，《亚太经济》，2012（2）。

[77] 李白：《金融危机中的"金砖四国"》，《上海人大月刊》，2012（1）。

[78] 李春：《中小企业国际贸易融资的运行路径》，《时代金融》，2012（5）。

［79］李菲菲、李欣欣：《美量化宽松货币政策对我国社会福利的影响分析》，《东北电力大学学报》，2012（5）。

［80］李海燕，郭翠荣：《全球金融危机背景下的国际经济政策协调》，农村金融研究，2012（5）。

［81］李慧中、沈雨沁：《欧元区成员国通胀差异成因研究》，《财经研究》，Vol. 38，No. 9，Sep. 2012。

［82］李继峰、张亚雄：《基于 CGE 模型定量分析国际贸易绿色壁垒对中国经济的影响——以发达国家对中国出口品征收碳关税为例》，《国际贸易问题》，2012（5）。

［83］刘波、张明睿：《美国第四轮量化宽松货币政策的影响及我国应对策略》，《区域金融研究》，2013（2）。

［84］李俊生：《美国财政悬崖根源、措施及影响》，《中国市场》，2013（3）。

［85］李强：《中国的贫富差距与市场转型》，《中国特色社会主义研究》，2012（12）。

［86］李青、韩立辉：《地方债务管理模式的选择：理论框架、国际比较及启示》，《中国行政管理》，2013（1）。

［87］李石凯，刘昊虹：《美国超宽松货币政策的失灵》，《经济研究参考》，2012（71）。

［88］李石凯，刘昊虹：《美国对外债务问题的由来与未来》，《西南金融》，2012（9）。

［89］李曙光：《中国和俄罗斯产业结构演进比较分析》，《世界经济》，2012。

［90］李婷：《中国货币政策有效性问题研究》，《中国经贸导刊》，2013（1）。

［91］李巍：《金砖机制与国际金融治理改革》，《国际观察》，2013（1）。

［92］李小平、卢现祥、朱钟棣：《国际贸易、技术进步和中国工业行业的生产率增长》，《经济学（季刊）》，2008（1）。

[93] 李晓、周学智：《美国对外负债的可持续性：外部调整理论的扩展》，《世界经济》，2012（12）。

[94] 李晓西、郑艳婷、蔡宁：《能源绿色战略的国际比较与借鉴》，《国家行政学院学报》，2012（6）。

[95] 李学文、卢新海、张蔚文：《地方政府与预算外收入：中国经济增长模式问题》，《世界经济》2012（8）。

[96] 李永刚：《"金砖五国"贸易竞争力的比较分析》，《经济社会体制比较》，2013（1）。

[97] 李永刚：《中国在'金砖五国'中的贸易竞争力对比分析——基于2000~2010年面板数据模型分析》，《人文杂志》，2013（1）。

[98] 李勇：《中小企业融资困境、民间借贷困境与制度改革》，《当代经济管理》，2013（35）。

[99] 李玉梅、张薇薇：《金砖国家货币国际化进程比较分析及中国借鉴》，《国际贸易》，2012（4）。

[100] 李小磊：《欧盟技术贸易壁垒对广东玩具出口的影响及对策研究》，中共广东省委党校，2012。

[101] 李志宏：《当代国际贸易与技术性贸易壁垒体系》，《中国商贸》，2012（3）。

[102] 连有：《当代我国国际贸易失衡问题的研究》，《商场现代化》，2012（9）。

[103] 梁顺：《金砖国家国际储备的比较分析》，《商业时代》，2013（1）。

[104] 梁柯：《财政政策与通货膨胀关系的文献综述》，《企业导报》，2012（3）。

[105] 梁玉成：《市场转型过程中的国家与市场——一项基于劳动力退休年龄的考察》，《中国社会科学》，2012（9）。

[106] 林伯强、何晓萍：《中国油气资源耗减成本及政策选择的宏观经济影响》，《经济研究》，2012（5）。

［107］林永生、晏凌：《2012 年中国绿色发展指数报告发布暨绿色经济研讨会综述》，《经济学动态》，2012（10）。

［108］刘畅：《住房市场转型和调控中的地方财政风险——理论逻辑与应对策略》，《宏观经济研究》，2012（6）。

［109］刘春义：《中国新能源产业国际化发展的 SWOT 分析——以光伏产业为例》，《中国人口资源与环境》，2012（1）。

［110］刘广珠：《现代城市发展与创新中城市管理问题探索》，《青岛科技大学学报（社会科学版)》，2012.12。

［111］刘建国、刘宇：《中国城市化质量的省际差异及其影响因素》，《现代城市研究》，2012（11）。

［112］刘淼、曹攀：《解决中小企业融资难题》，《中国财政》，2012（14）。

［113］刘蓉、黄洪：《中国地方政府债务风险的度量、评估与释放》，《经济理论与经济管理》，2012（1）。

［114］刘世欣：《美国财政悬崖及对中国的影响》，《银行家》，2013（1）。

［115］刘伟：《中国现阶段反通胀的货币政策究竟遇到了怎么样的困境》，《经济学动态》，2010（9）。

［116］刘文革、王磊：《金砖国家能源合作机理及政策路径分析》，《经济社会体制比较》，2013（1）。

［117］刘霞：《美国量化宽松货币政策及其法律思考》，《财经视点》，2012（3）。

［118］刘旭：《"十二五"时期国际贸易保护主义发展趋势及其对中国的影响》，《国际贸易》，2012（1）。

［119］刘宇：《发展低碳经济维度下碳关税问题探析》，《重庆科技学院学报（社会科学版)》，2012（2）。

［120］刘煜辉：《美国财政悬崖的推演》，《中国金融》，2012（24）。

［121］陆大道、樊杰：《区域可持续发展研究的兴起与作用》，

《中国科学院院刊》，2012（3）。

[122] 吕博：《"金砖国家"间的贸易和投资》，《国际经济合作》，2012（10）。

[123] 吕光明：《中国财政政策冲击对产出波动影响的实证研究》，《财经研究》，2012（8）。

[124] 吕薇：《从要素生产率指标看制造业增长方式转变》，《经济纵横》，2013（2）。

[125] 罗攀芬：《中小企业融资现状分析及对策》，《中国外资》，2013（1）。

[126] 骆振心、杨谨夫：《财政政策如何影响货币政策效果：财政存款渠道》，《理论研究》，2012（9）。

[127] 马健：《中小企业融资新途径探讨》，《中国外资》，2012（8）。

[128] 马静、逯宇铎：《对外贸易结构与中日韩服务贸易比较研究》，《统计与决策》，2012（17）。

[129] 马玉瑛：《欧债危机和美国经济复苏对中国经济的影响》，《时代金融》，2012（14）。

[130] 缪小林、伏润民：《中国地方政府性债务风险生成与测度研究——基于西部某省的经验数据》，《财贸经济》，2012（1）。

[131] 聂聆、骆晓婷：《"金砖四国"生产性服务贸易结构与竞争力研究》，《中央财经大学学报》，2011（3）。

[132] 倪权生、潘英丽：《谁在补贴美国？——美国对外资产负债规模及收益率差异分析》，《上海金融》，2011（4）。

[133] 宁越敏：《中国城市化特点、问题及治理》，《南京社会科学》，2012（9）。

[134] 牛玉静、陈文颖、吴宗鑫：《全球多区域CGE模型的构建及碳泄漏问题模拟分析》，《数量经济技术经济研究》，2012（11）。

[135] 欧阳峣、张亚斌、易先忠：《中国与金砖国家外贸的

"共享式"增长》,《中国社会科学》,2012 (10)。

[136] 潘辉:《碳关税对中国出口贸易的影响及应对策略》,《中国人口·资源与环境》,2012 (2)。

[137] 潘敏、张依茹:《鱼和熊掌能否兼得？中国财政政策效果研究》,《统计研究》,2012 (4)。

[138] 裴长洪:《我国对外贸易发展：挑战、机遇与对策》,《经济研究》,2005 (9)。

[139] 裴长洪:《中国经济转型升级与服务业发展》,《财经问题研究》,2012 (8)。

[140] 彭定赟:《中国区域基尼系数的测算及其非参数模型研究》,《中南财经政法大学学报》,2012 (5)。

[141] 漆鑫、庞业军:《欧债危机的根源、前景与影响》,《外汇市场》,2011 (10)。

[142] 乔晓楠:《美国"财政悬崖"的形成机制与经济弱复苏》,《亚太经济》,2013 (1)。

[143] 秦焕梅:《中国中小企业融资问题之探讨》,《经济体制改革》,2012 (3)。

[144] 邱立成、曹知修和王自锋:《欧盟新能源产业集聚的影响因素：1998~2009 年面板数据模型的实证分析》,《世界经济研究》,2012 (9)。

[145] 全小莲:《论美国 337 条款案对中国知识产权保护的借鉴意义》,《时代金融》（中旬刊）,2012 (4)。

[146] 任钢、许源丰:《俄罗斯经济现代化面临的经济形势分析》,《黑龙江社会科学》,2012 (3)。

[147] 桑百川、郑伟和徐紫光:《2012 年中国利用外商直接投资展望》,《中国经贸》,2012 (4)。

[148] 申蕾:《全球经济失衡治理的博弈论分析》,《经济研究导刊》,2013 (7)。

[149] 沈国栋:《试析欧债危机的成因、未来走向以及其对中

国经济的影响》，《中国外资》，2012（3）。

[150] 盛广耀：《城市治理研究评述》，《城市问题》，2012（10）。

[151] 石健全、何娣：《欧债危机升级背景下碳关税新进展及对策研究》，《商业时代》，2012（8）。

[152] 石清华：《欧元区体制缺陷对成员国债务的影响及对欧债危机的治理分析》，《现代经济探讨》，2012（12）。

[153] 史保林：《中国居民收入区域差异的实证分析》，《山西财经大学学报》，2012（11）。

[154] 宋君、边松林：《关于城市环境污染的现状、原因的分析》，《改革与开放》，2012（8）。

[155] 宋兰旗：《亚太区域经济一体化的进程与影响因素》，《经济纵横》，2012（12）。

[156] 宋旭琴、蓝海林：《市场分割视角下中国企业跨地域横向拓展的研究综述》，《改革与战略》，2012（5）。

[157] 孙莉英、倪晋仁、蔡强国和毛小苓：《中国县（市）可持续发展能力变化趋势研究》，《北京大学学报》，2012（5）。

[158] 孙亮：《金砖四国经济发展比较研究——基于人的发展视角》，《中国流通经济》，2012（2）。

[159] 孙琳琳、郑海涛和任若恩：《信息化对中国经济增长的贡献：行业面板数据的经验证据》，《世界经济》，2012（2）。

[160] 孙梦鸿：《美国量化宽松货币政策与中国金融体系安全问题》，《环渤海经济瞭望》，2012（11）。

[161] 孙晓华、王昀：《对外贸易结构带动了产业结构升级吗？基于半对数模型和结构效应的实证检验》，《世界经济研究》，2013（1）。

[162] 唐德江：《美国量化宽松货币政策下的囚徒困境》，《财经视点》，2012（1）。

[163] 唐东波：《中国的贸易开放——产业升级与就业结构研

究》，博士论文,2012。

[164] 唐晓东：《中国城市发展水平评价指标体系及实证研究》，《当代经济科学》，2009。

[165] 陶峰、任钢：《全球流动性对通货膨胀影响的实证研究——以"金砖五国"为例》，《中国物价》，2012（11）。

[166] 田野、张晓波：《国家自主性、中央银行独立性与国际货币合作——德国国际货币政策选择的政治逻辑》，《世界经济与政治》，2012（1）。

[167] 汪巍：《金砖国家多边经济合作的新趋势》，《亚太经济》，2012（2）。

[168] 汪慧：《基于供应链金融的中小企业融资分析》，《时代金融》，2012（5）。

[169] 王栋贵：《全球经济失衡原因论争论——被忽视的基于美国视角的解释》，《经济评论》，2013（1）。

[170] 王冠群、王福强：《当前经济发展的着力点》，《中国金融》，2012（8）。

[171] 王国兴，袁赞：《中美战略经济对话：国际经济协调新框架》，《世界经济研究》，2007（3）。

[172] 王汉儒：《国际货币体系视角下世界经济失衡的根源探析》，《财经问题研究》，2012（5）。

[173] 王华斌、高小平、曹金波：《中小企业融资难的成因及对策》，宜昌市财政局网站，http://www.ycczw.gov.cn/wenzinfo.aspx? nid=6007。

[174] 王伶、陈锐：*Research on the convergence and divergence of Chinese urban development*，《管理科学学报》，2009（3）。

[175] 王磊、陈柳钦：《中美贸易博弈新聚点：新能源贸易领域的合作与摩擦》，《经济研究参考》，2012（20）。

[176] 王蕾：《中国货币政策有效性研究》，《重庆与世界》，2012（6）。

［177］王立荣、刘力臻：《中国在未来国际汇率体系变革中的作用》，《当代经济研究》，2012（12）。

［178］王丽宁：《城市环境污染的现状及其对策分析》，《太原大学学报》，2012（3）。

［179］王平：*Research on Institutional Constraints and City Size in China*，《浙江大学学报》，2012（4）。

［180］王瑞：*Chinese Urban Governance System Based on Sustainable Development：Theoretical Explanation and Action Analysis*，2012。

［181］王塞芳：《中国电子商务融资产品及运行模式探析》，《对外经贸实务》，2012（9）。

［182］王树同、刘明学、栾雪剑：《美联储"量化宽松"货币政策的原因、影响与启示》，《国际金融研究》，2009（11）。

［183］王爽：《城市管理效率分析》，《管理世界》，2012（3）。

［184］王思宇、杨巨：《全球经济失衡问题的总结与探讨》，《财经界（学术版）》，2012。

［185］王曦、邹文理：《中国货币政策的最优度量指标》，《中山大学学报（社会科学版）》，2012（1）。

［186］王晓东、张昊：《中国国内市场分割的非政府因素探析——流通的渠道、组织与统一市场构建》，《财贸经济》，2012（11）。

［187］王旭果、张广婷、沈红波：《财政分权、晋升激励与预算软约束》，《财政研究》，2012（3）。

［188］王娅婷、晏超群：《浅析中国商业银行国际贸易融资瓶颈及解决方案》，《东方企业文化》，2012。

［189］王玉主：《以务实态度推动中日韩自贸区建设》，《环球视野》，2012（8）。

［190］王智强：《中国财政政策和货币政策效率研究——基于随机前沿模型的实证分析》，《经济学动态》，2010（8）。

［191］王汉儒：《欧债危机爆发根源的再思考——基于国际货

币体系视角的分析》，《当代财经》，2012（11）。

[192] 卫兴华：《中国当前贫富两极分化现象及其根源》，《西北师大学报》，2012（9）。

[193] 温俊萍：《印度农村就业保障政策及对中国的启示》，《南亚研究季刊》，2012（2）。

[194] 吴长凤、巩馥洲、周宏：《影响中国进出口贸易的宏观经济因素分析》，《统计研究》，2012（5）。

[195] 吴汉邦、周义培：《在华外国直接投资环境污染问题研究》，《现代商业》，2012（7）。

[196] 吴洁莹：《中小企业国际贸易融资问题探究》，《中国外资》，2012（3）。

[197] 吴伟强：《城市管理如何不再难》，《浙江大学学报》，2012（11）。

[198] 吴晓慧、李可爱：《发展中国家对外贸易政策研究》，《内蒙古统计》，2012（10）。

[199] 吴友富、陈默、夏靖：《金砖四国发展中存在的问题分析》，《上海管理科学》，2012（6）。

[200] 伍金：《提高城市管理效率不妨学学德国》，《管理世界》，2012（11）。

[201] 伍贻康：《"德国问题"与欧洲一体化的兴衰》，《德国研究》，2012（4）。

[202] 武唯：《十年一剑磨砺出积极就业政策》，《中国人力资源社会保障》，2012（8）。

[203] 巫宁耕：《印度、巴西产业政策的比较分析》，《国际技术经济研究学报》，1989（12）。

[204] 邢莹莹：《欧元区货币政策框架》，《中国金融》，2012（2）。

[205] 熊波、张宏翔：《基于公共财政风险防范的地方政府借款监管机制构建》，《财政研究》，2012（7）。

［206］ 熊丹等：《基于金融经济周期理论的金融危机成因研究》，《商业时代》，2012（25）。

［207］ 徐春颖：《浅谈中小企业国际贸易融资》，《现代经济信息》，2012（6）。

［208］ 徐聪：《从欧债危机看欧洲央行的独立性困境》，《欧洲研究》，2012（4）。

［209］ 徐枫、李云龙：《基于SCP范式的中国光伏产业困境分析及政策建议》，《宏观经济研究》，2012（6）。

［210］ 徐国庆：《南非加入金砖国家合作机制的背景、影响与前景》，《亚非纵横》，2012（3）。

［211］ 徐梅：《中日韩FTA的进展、影响及前景探析》，《日本学刊》，2012（5）。

［212］ 徐千千：《从中国绿色GDP的实践看绿色经济在中国的发展潜力》，《经济研究》，2011（2）。

［213］ 徐爽：《人民币升值预期、物价稳定与热钱扼制的三元和谐》，《金融研究》，2007（10）。

［214］ 徐永利：《"金砖四国"就业结构变动与产业结构偏离分析》，《苏州大学学报（哲学社会科学版）》，2012（4）。

［215］ 许欣欣、李天德：《美国现行宽松货币政策对世界物价的影响——基于不同经济体通货膨胀表现的分析》，《亚太经济》，2012（2）。

［216］ 薛荣久：《"金砖国家"货物贸易特点与合作发展愿景》，《国际贸易》，2012（7）。

［217］ 薛永军、刘培生：《中国与印度产业结构比较研究》，《东南亚纵横》，2012（7）。

［218］ 闫茹、闫增岗：《中国制造业分析研究》，《合作经济与科技》，2013（6）。

［219］ 严怡宁：《想象的共同体身份——金砖国家主流媒体涉华话语分析》，《外交评论（外交学院学报）》，2012（3）。

［220］杨蓓：《浅析欧元区的货币政策和财政政策》，《理论月刊》，2002（12）。

［221］杨春志、丁成日：《日本快速城市化时期都市发展战略评价》，《城市问题》，2012（10）。

［222］杨华、肖鹏：《日本政府会计制度改革的经验与启示》，《中国行政管理》，2012（4）。

［223］杨凯栋：《全球经济失衡的原因及中国的措施分析》，《国际商贸》，2012（10）。

［224］杨树旺、杨书林、魏娜：《不同来源外商直接投资对中国碳排放的影响研究》，《宏观经济研究》，2012（9）。

［225］杨希：《中国中小企业国际贸易融资对策研究》，《商情》，2012（23）。

［226］杨勇：《亚太区域一体化新特征与中国的策略选择》，《亚太经济》2012（5）。

［227］杨勇、胡渊：《亚太区域经济一体化发展趋势与中国的策略选择》，《亚太经济》，2011（6）。

［228］尹国俊、曾可昕：《从经济周期看美国金融危机》，《杭州电子科技大学学报（社科版）》，2009（2）。

［229］姚大庆：《对欧元区共同边界效应的检验——兼论欧元区是否能满足最优货币区的条件》，《世界经济研究》，2012（5）。

［230］姚淑梅、姚静如：《金砖国家的崛起及其发展前景》，《宏观经济原理》，2012（8）。

［231］叶菲：《美国量化宽松货币政策对中国经济的传导机制研究》，《中国城市经济》，2012（8）。

［232］叶怀斌：《全球经济失衡与中美失衡新视角》，《东方企业文化·百家论坛》，2012（9）。

［233］叶林：*Urban Management Innovation under the Transitioning Urbanization in China*，《中国行政管理》，2012（10）。

［234］叶志锋、贺梅萍、覃永盛：《科技型中小企业融资环境

改善与融资策略选择关系研究展望》，《会计之友》，2012（31）。

[235] 殷培：《浅谈农村环境污染问题及其防治对策》，《科技与企业》，2012（11）。

[236] 应樱：《中国财政政策效果的实证分析》，《经济问题》，2013（1）。

[237] 于立宏、郁义鸿：《光伏产业政策体系评估：多层次抑或多元化》，《改革》，2012（8）。

[238] 于银杰、周海东：《突破能源约束的日本能源发展战略》，《经济研究参考》，2012（8）。

[239] 余海鹏、张小朋：《中国绿色 GDP 核算及应用浅析》，《经济法》，2012（3）。

[240] 袁冬梅、魏后凯、于斌：《中国地区经济差距与产业布局的空间关联性——基于 Moran 指数的解释》，《中国软科学》，2012（12）。

[241] 袁洁、夏飞：《基于审计视角的地方政府性债务管理探讨》，《财政研究》，2012（2）。

[242] 袁嫣：《基于 CGE 模型定量探析碳关税对中国经济的影响》，《国际贸易问题》，2013（2）。

[243] 臧跃茹：《关于打破地方市场分割问题的研究》，《宏观经济改革与发展》，2012（2）。

[244] 曾寅初、刘君逸、梁筱筱：《欧债危机对中欧农产品贸易的影响分析》，《农业经济与管理》，2012（2）。

[245] 张国平：《中国城市化进程中的问题与对策》，《北方经贸》，2012（10）。

[246] 张宏伟：《中国碳税开征的风险规避策略研究——基于澳大利亚碳税开征设计方案》，《税收经济研究》，2012（6）。

[247] 张礼卿：《量化宽松Ⅱ冲击和中国的政策选择》，《国际经济评论》，2012（1）。

[248] 张茉楠：《国际分工视角下的全球经济失衡与利益分配

格局调整》，《金融与经济》，2012（5）。

[249] 张伟：《中国城市集群经济效率测度与治理研究》，《华中科技大学学报》，2012（5）。

[250] 张雨涛、杨文武：《印度经济产业结构的特性分析》，《南亚研究季刊》，2012（2）。

[251] 张玉新：《地方政府土地融资风险及其管理》，《中国行政管理》，2013（1）。

[252] 张哲：《金融危机背景下中国适度宽松货币政策效果的实证分析》，《财经界》，2012（10）。

[253] 赵亮、穆月英：《东亚"10＋3"国家农产品国际竞争力分解及比较研究——基于分类农产品的 CMS 模型》，《国际贸易问题》，2012（4）。

[254] 赵强：《中国农村环境污染防治法律对策分析》，《石家庄经济学院学报》，2012（4）。

[255] 郑伟、徐紫光：《拓展中国与其他金砖国家贸易往来的策略研究——基于贸易竞争性和互补性分析》，《中国市场》，2013（2）。

[256] 中国国家统计局网站：《金砖国家联合统计手册（2012）》。

[257] 中国人民银行长春中心支行课题组：《基于 CPI 视角的货币政策有效性研究》，《吉林金融研究》，2012（1）。

[258] 钟惠波：《金砖四国国家创新体系存在的问题比较》，《科技进步与对策》，2012（1）。

[259] 钟俊：《中国中小企业的国际贸易融资》，《经济导刊》，2012（1）。

[260] 钟俊：《中小企业国际贸易融资困境分析与对策研究》，《金融实务》，2012（7）。

[261] 周波：《中国财政政策规则及其体制稳定性分析》，《数量经济技术经济研究》，2012（2）。

［262］周景彤：《美国或将陷入财政悬崖挑战》，《中国金融》，2012（15）。

［263］周升起、兰珍先：《中国文化贸易研究进展述评》，《国际贸易问题》，2013（1）。

［264］周文：《美国国债评级为何需下调》，《战略观察》，2011（9）。

［265］周喆：《中国地区间经济发展不平衡——水平测度和成因探究》，《山西财经大学学报》，2012。

［266］朱佩珍：《中小企业国际贸易融资模式研究》，《中国商贸》，2012（14）。

［267］朱其太、薛庆波：《警惕欧盟环境激素管理新壁垒积极应对促出口》，《中国检验检疫》，2012（10）。

［268］朱文静、顾江：《中国文化贸易结构与贸易竞争力的实证分析》，《对外经济贸易大学学报》，2012（4）。

［269］朱相平：《地方投融资平台建设与政府的责任边界》，《宏观经济研究》，2012（7）。

［270］庄云峰：《当代中国城市管理的新范式》，《城市发展研究》，2010。

［271］宗泊：《碳关税分析》，《河北法学》，2012（1）。

［272］郑若谷、干春晖和余典范：《转型期中国经济增长的产业结构和制度效应——基于一个随机前沿模型的研究》，《中国工业经济》，2010（2）。

［273］邹敏、张璐：《论中国碳税制度的建立》，《江苏大学学报（社会科学版）》，2012（6）。

［274］宗正玉：《国外地方政府债务管理的基本情况》，《财政研究》，2012（9）。

英文文献：

［1］Ahmed El‐Masry（2012），"Exchange rate exposure",

Plymouth Business School, October, v. 4, iss. 4, pp. 255 –263.

[2] Ahrens Joachim (2012), "Governance and Economic Development: A Comparative Institutional Approach", Cheltenham: Edward Elgar.

[3] Abdul A. Erumban et al. (2012), "Deconstructing the BRICs: Structural Transformation and Aggregate Productivity Growth", Journal of Comparative Economics, May: pp. 211 –227.

[4] Arvind Krishnamurthy & Annette Vissing –Jorgensen (2012), "the effects of quantitative easing on interest rates: channels and implications for policy", national bureau of economic research, October 2012.

[5] Ansgar Belke & Barbara von Schnurbein (2012), "European monetary policy and the ECB rotation model Voting power of the core versus the periphery", Public Choice: pp. 289 –323.

[6] Alan J. Auerbach & Yuriy Gorodnichenko (2012), "Output Spillovers from Fiscal Policy", NBER Working Paper No. 18578.

[7] Andrew Hughes Hallett & Juan Carlos Martinez Oliva (2012), "Reducing Global Imbalance: Can Fixed Exchange Rates and Current Account Limits Help", Open Economies Review, February 1.

[8] Andre Semmler (2012), "Renewable Energy in Japan: New Competition in the Energy Market after Fukushima", University of Trier EAS; German Chamber of Commerce Japan, April 17.

[9] Boulding (1961), "Evolutionary Economics", Sage Publications .

[10] Brundland (2012), "Our Common Future" .

[11] Bibow Joerg (2012), "How to Sustain the Chinese Economic Miracle: Risk of Unraveling Global Rebalancing", Chinese Economy, January –February : pp. 46 –73.

[12] Barry Eichengreen (2012), "Throwing Out the Baby with the Bathwater? Implications of the Euro Crisis for Asian Monetary Inte-

gration", Journal of Economic Integration, Vol. 27, No. 2, June: pp. 291 – 311.

[13] Bemarudolfs Dedolaluca & Smetsfrrnk (2012), "US imbalances: the role of technology and policy", European Bank Working Paper.

[14] Brian Lucking (2012), "Headwind or Trilwind?", FRBSF Economic Lette.

[15] Badar Alam Iqbal (2012), "G20: Global Issues and Challenges", Transnational Corporations Review Volume 4, Number 1, March 2012.

[16] Backé Peter & Gardó Sándor (2012), "Spillovers of the Greek Crisis to Southeastern Europe: Manageable or a Cause for Concern?", Focus on European Economic Integration.

[17] Bester Helmut, Milliou Chrysovalantou & Petrakis Emmanuel (2012), "Wage bargaining, productivity growth and long-run industry structure", Labor Economics, Vol. 19, No. 6: pp. 923 – 930, ISSN: 0927 – 5371.

[18] Biege Sabine, Lay Gunter, Zanker Christoph & Schmall Thomas (2013), "Challenges of measuring service productivity in innovative, knowledge-intensive business services", Service Industries Journal, Vol. 33, No. 3 – 4.

[19] Bird Richard M. (2012), "Subnational Taxation in Large Emerging Countries: BRIC Plus One", International Studies Program Working Paper Series: P. 51.

[20] Bianconi Marceloi, Yoshino Joe A, Machado de Sousa & Mariana (2013), "BRIC and the U. S. financial crisis: An empirical investigation of stock and bond markets", Emerging Markets Review, March, Vol. 14.

[21] Brosig Stephan et al (2013), "Introduction to the Special

Feature: Will the BRIC Decade Continue? The Role of Rural Areas and Agriculture", Journal of Agricultural Economics, Feb, Vol. 64 Issue 1.

[22] Benjamin M. Friedman (2013), "The Simple Analytics of Monetary Policy: A Post – Crisis Approach", NBER Working Paper No. 18960.

[23] Carlos A. Vegh & Guillermo Vuletin (2012), "Overcoming the Fear of Free Falling: Monetary Policy Graduation in Emerging Markets", NBER Working Paper, No. 18175.

[24] Comin & Gertler (2006), "Medium – Term Business Cycles", Economics.

[25] C. Lawley (2012), "Protectionism Versus Risk in Screening for Invasive Species", Journal of Environmental Economics and Management, November.

[26] C. McAusland & C. Costello (2004), "Avoiding Invasives: Trade-related Policies For Controlling Unintentional Exotic Species Introductions", Journal of Environmental Economics and Management, Volume 48, Issue 2, September: pp. 954 – 977.

[27] Charles A. Kupchan (2012), "No One's World: The West, the Rising Rest, and the Coming Global Turn", Oxford University Press.

[28] Christopher Balding (2012), "Innovations in Sovereign Wealth Fund for National Development", July 17, 2012.

[29] Choi Jun – Ki & Fthenakis Vasilis (2012), "Economic Feasibility of Recycling Photovoltaic Modules", Journal of Industrial Ecology.

[30] Ciracy Wantrup (2012), "Resource conservation", Economics and Policy.

[31] Chunding Li & John Whalley (2010), "Global imbalances: Are we measuring the right thing?", Research-based policy analysis and

commentary from leading economists, October.

[32] Chaudary Latika et al (2012), "Big BRICs, Weak Foundations: The Beginning of Public Elementary Education in Brazil, Russia, India, and China", NBER working papers, February.

[33] Liverman D. M., Hanson M. E., Bromnetal B. J. "Global sustainability: Toward measurement", Environmental Management, 1988, 12 (2), pp. 133 – 143.

[34] Danglun Luo (2013), "Incentivizing China's Urban Mayors to Mitigate Pollution Externalities: the Role of the Central Government and Public Environmentalism", NBER working paper, March 2013.

[35] David Popp (2012), "Department of Public Administration and International Affairs", NBER working paper, November 2012.

[36] Donghyun Park & Gemma Esther (2012), "Developing Asia's Sovereign Wealth Funds: The Santiago Principles and the Case for Self Regulation", June 16.

[37] Dong We (2012), "The role of expenditure switching in the global imbalance adjustment", Journal of International Economics.

[38] David Andolfatto (2012), "Liquidity Shocks, Real Interest Rates, and Global Imbalances", Federal Reserve Bank of St. Louis Review, May/June 2012: pp. 187 – 95.

[39] De Vries & Gaaitzen J. (2012), "Deconstructing the BRICs: Structural Transformation and Aggregate Productivity Growth", Journal of Comparative Economics, May 2012, v. 40, iss. 2: pp. 211 – 227.

[40] Dane Rowlands (2012), "BRICS or blocs? Convergence and divergence amongst new donor nations.", Journal: Cambridge Review of International Affairs 2012.

[41] Dang Luo (2012), "Analysis of the income elasticity of the consumer demand of Chinese rural residents and prediction of its trend", Kybernetes: pp. 655 – 663.

[42] David R. Andrews (2012), "The European Journal of the History of Economic Thought", Continuity and change in Keynes's thought. January – February 2012: pp. 46 – 73.

[43] Eric M. Leeper (2013), "Fiscal Limits and Monetary Policy", NBER Working Paper, No. 18877.

[44] Eric S. Rosengren (2012), "The Economic Outlook and Its Policy Implications", Federal Reverse Bank of Boston Paper.

[45] Fischer & Doris (2012), "Challenges of Low Carbon Technology Diffusion: Insights from Shifts in China's Photovoltaic Industry Development", Innovation and Development.

[46] Fatas Ilian Mihov (2012), "The Case for Restricting Fiscal Policy Discretion", Journal of Economics, Forthcoming, July 15, 2012.

[47] Francesco Giavazzi (2012), "欧元危机的逻辑", International Economic Review, 2012 (2).

[48] Fatih Mehmet öcal (2012), "European Debt Crisis and its Analysis", International Research Journal of Finance and Economics, ISSN 1450 – 2887, Issue 97, September.

[49] Federal Reserve Bank of New York (2012), "U. S. Economy and Financial Markets", Nov. 21th 2012.

[50] Fabio Canova, MatteoCiccarelli & EvaOrtega (2012), "Do institutional changes affect business cycles? Evidence from Europe", IDEA.

[51] Fetscherin Marc & Pillania Rajesh K. (2012), "Export competitiveness patterns in Indian industries", Competitiveness Review, Vol. 22 Issue 3.

[52] Gomes Walter J. (2013), "EACTS in the future: second strategic conference. The view from the BRICS countries", European Journal of Cardio – Thoracic Surgery, Jan2013, Vol. 43 Issue 1.

［53］Gnan Ernest & Segalla Esther（2012），"European Monetary Union: Lessons fronn the Debt Crisis, Monetary Policy & the Economy", Quarterly Review of Economic Policy, 2012 2nd Quarter.

［54］Guo Bin, Gao Jing & Chen Xiaoling（2013），"Technology strategy, technological context and technological catch-up in emerging economies: industry-level findings from Chinese manufacturing", Technology Analysis and Strategic Management, Vol. 25, No. 2: pp. 219 – 234 ISSN: 0953 – 7325.

［55］Giannone & Reichlin（2006），"Business cycles in the euro area", European Central Area.

［56］George – Marios Angeletos & Jennifer La'O（2011），"Optimal Monetary Policy with Informational Frictions", NBER Working Paper, No. 17525.

［57］Gonzalez Medina Moneybal（2011），"Elements of a European urban policy. Experience of urban development management in Germany and Spain", Revista Espaola de Ciencia Política, Oct 2011, Issue 27.

［58］Gang Wu, Xiao an Zeng & Jian guo Sun（2012），"Research progress of green GDP accounting indicators", Ecological Economics.

［59］Graeme Lang（2012），"China's" Green GDP "Experiment and the Struggle for Ecological Modernization", Journal of Contemporary Asia, 2012（3）.

［60］Hotelling（1931），"Economics of exhaustible resources", Political Economy.

［61］Han Boyin, Wang Dongping and Fu Bo（2012），"The Mystery of Economy Structural Imbalance between China and America: A New Interpretation of Marshall – Lerner Condition", June.

［62］IMF（2012），"Global Imbalances and Financial Crisis: Financial Globalization as a Common Cause", Journal of Economic Issues, June.

[63] Jun Sangjoon (2012), "Financial Development and Output Growth: A Panel Study for Asian CountriesKangnam U", Journal of East Asian Economic Integration, March 2012, v. 16, iss. 1: pp. 97 – 115.

[64] Jayan P. A. (2012), "BRICS: Advancing Cooperation and Strengthening Regionalism", India Quarterly. Dec2012, Vol. 68 Issue 4, pp. 363 – 384.

[65] J. B. Delong & L. H. Summers (2012), "Fiscal Policy in a Depressed Economy", NBER Working Paper, 2012 (3).

[66] James Marple (2012), "Searching for a Detour around the Fiscal Cliff", TD Economics Special Report.

[67] Jordi Galí. (2013), "Monetary Policy and Rational Asset Price Bubbles", NBER Working Paper No. 18806.

[68] Joseph Gagnon (2012), "Global Imbalances and Foreign Asset Expansion by Developing Economy Central Banks", International Economic Review, Mar 23, 2012.

[69] John Amber J. (2012), "Implications of spatial and physical structures for ICT as a tool of urban management and development in Cameroon", Habitat International, Jul2012, Vol. 36 Issue 3.

[70] John Talberth & Alok K. Bohara (2012), "Economic openness and green GDP", Ecological Economics.

[71] Jay C. Shambaugh (2012), "The Euro's Three Crises", Brookings Papers on Economic Activity, Spring.

[72] Kenourgios Dimitris (2008), "Financial Crises and Contagion: Evidence for BRIC Stock Markets", EFMA Vienna Meetings, May.

[73] Koyin Chang, Yoonbai Kim, Marc Tomljanovich & Yung –

Hsiang Ying（2012），"Do Political Parties Foster Business Cycles？ – An Examination of Developed Economies"，Journal of Comparative Economics，May.

［74］Kemeny，Thomas & Storper，Michael（2012），"The Sources of Urban Development: Wages，Housing，and Amenity Gaps across American Cities"，Journal of Regional Science，February 2012，v. 52，iss. 1: pp. 85 – 108.

［75］Kip Becker（2012），"Trade creation and Trade Diversion for Mercosur"，Journal of Euromarketing.

［76］Kaplan Stephen B. "The Political Obstacles to Greater Exchange Rate Flexibility in China"，World Development，July 2006，v. 34，iss. 7: pp. 1182 – 1200.

［77］Kuran Timur（2012），"The Economic Roots of Political Underdevelopment in the Middle East: A Historical Perspective"，Southern Economic Journal，April 2012，v. 78，iss. 4，pp. 1087 – 1095.

［78］Kazuo Ogawa，Elmer Sterken & Ichiro Tokutsu（2012），"financial distress and industry structure: aninter-industry approach to the lost decade in Japan"，Economic Systems Research，Vol. 24，No. 3: pp. 229 – 249 ISSN: 0953 – 5314.

［79］Kazuo Ogawa，Elmer Sterken & Ichiro Tokutsu（2012），"financial distress and industry structure: aninter-industry approach to the lost decade in Japan"，Economic Systems Research，Vol. 24，No. 3: pp. 229 – 249，ISSN: 0953 – 5314.

［80］Kontopoulos（2005），"An Empirical Investigation of Economic Growth Rate and Saving Ratio: Evidence from Selected Eastern European Countries"，Review of Economic Sciences，Vol. 7.

［81］Lars E. O. Svensson（2012），"Practical Monetary Policy: Examples from Sweden and the United States"，NBER Working Paper，No. 17823.

[82] Lei Ming (2012), "Green Accounting of China", Canadian Social Science.

[83] Linyu XU, Bing YU & Wencong YUE (2012), "A method of green GDP accounting based on eco-service and a case study of Wuyishan, China", Procedia Environmental Sciences, 2012 (9).

[84] Libman & Alexander (2012), "Frankfurt School of Finance and Management and Russian Academy of Sciences", Journal of Multinational Financial Management, July 2012, v. 22, iss. 3: pp. 55 – 65.

[85] L. Anisimova (2013), "Controversial issues on management of the public debt", RUSSIAN ECONOMIC DEVELOPMENTS, No. 3.

[86] Lipinska Anna (2012), "Tailwinds and Headwinds: How Does Growth in the BRICs Affect Inflation in the G7?", International Journal of Central Banking, March, v. 8, iss. 1: pp. 227 – 66.

[87] Lu rong Chen (2012), "The BRICs in the Global Value Chains: An Empirical Note Cuadernos de Economía", Vol. 31, No. 27, Special Issue.

[88] Li W Wang (2012), "College of Ocean, Shandong University at Weihai Apreliminary survey of whale shark Rhincodon typus catch and trade in China", July 2012, v. 22, iss. 3: pp. 55 – 65.

[89] Leong Chan & Tugrul Daim (2012), "Sectoral innovation system and technology policy development in China: Case of the transportation sector", Journal, Futures 2012.

[90] Levine R. N. Loayza & T. Beck. (2012), "Financial Intermediation and Crowth: Causality and Causes", Journal of Monetary Economics, 46 (2012): pp. 31 – 77.

[91] Lucarelliand Dr Bill (2012), "Financialization and Global Imbalances: Prelude to Crisis", Review of Radical Political Economics, Dec 2012.

[92] M. Mansoor Khan & M. ishaq Bhatti (2012), "Business

and Regional Enterprise, Mount Gambier Regional Centre", Australia. Managerial Finance, Vol. 34 (10): pp. 708 – 725.

［93］ Menzie D. Chinn et al (2011), "A Forensic Analysis of Global Imbalances", NBER working paper.

［94］ Martin Carree (2012), "Centre for Advanced Small Business Economics, Erasmus University Rotterdam, EIM Small Business Research and Consultancy", Review of industrial Organization.

［95］ Mustafa Yavuz (2013), "TransAtlantic Petroleum Announces 2013 Capital Expenditure Budget and Production Guidance, Provides Operations Update, and Announces Organizational Enhancements", Economic Modelling 2013 (2).

［96］ Marcelo Bianconia et al, "BRIC and the U. S. financial crisis: An empirical investigation of stock and bond markets", Machado de Sousab.

［97］ M. Margolis & J. F. Shogren (2012), "Disguised Protectionism, Global Trade Rules, and Alien Invasive Species", Environmental and Resource Economics, Volume 51, Issue 1, January 2012: pp. 105 – 118.

［98］ Marco Fugazza & Jean – Christophe Maur (2008), "Nontariff Barriers in CGE Models: How Useful for Policy?", Journal of Policy Modeling: pp. 475 – 490.

［99］ Mark Hallerberg (2012), "Explaining European Patterns of Taxation: From the Introduction of the Euro to the Euro – Crisis", Industrial Marketing Management.

［100］ M. Zhou, Q. Chen & Y. L. Cai (2013), "Optimizing the industrial structure of a watershed in association with economic-environmental consideration: an inexact fuzzy multi-objective programming model", Journal of Cleaner Production, vol. 42: pp. 116 – 131 ISSN: 0959 – 6526.

[101] Majumder et al (2012), "Variants of fluctuation analysis identify long-range dependent and L-stable returns", International Review of Financial Analysis 2012 – 9 – 1.

[102] Menzie D. Chinn (2012), "A Note on Reserve Currencieswith Special Reference to the G20 Countries", IMF, Annual Reports and IMF, Currency Composition of Official Exchange Reserves (COFER), May 13.

[103] Minh Ly (2012), "Special drawing rights, the dollar, and the institutionalist approach to reserve currency status", Brown University, Providence Apr 25.

[104] Manuel Amador & Mark Aguiar (2011), "Fiscal Policy in Debt Constrained Economies", Meeting Papers 527, Society for Economic Dynamics.

[105] Miles S. Kimball (2012), "Getting the Biggest Bang for the Buck in Fiscal Policy", NBER Working Paper, No. 18142.

[106] Midilli I. Dincer & M. A. Rosen (2012), "The Role and Future Benefits of Green Energy", Journal of International Money and Finance.

[107] M. Redelifi (2012), "The Multiple Dimensions of Sustainable Development", Geography.

[108] Naoyuki Yoshino (2012), "Global imbalances and the development of capital flows among Asian countries", OECD Journal: Financial Market Trends.

[109] Paul Schwabe, Michael Mendelsohn, Felix Mormann & Doug Arent (2012), "Mobilizing Public Markets to Finance Renewable Energy Projects: Insights from Expert Stakeholders", National Renewable Energy Laboratory Technical Report.

[110] Philip R. Lane & Gian Maria Milesi – Ferretti (2012), "External adjustment and the global crisis", Journal of International

Economics.

［111］ Pearce. D. W. & Atkinson G. （2012）, "Are National Economics Sustainable?", Working Paper 92 – 11 · London: University College.

［112］ Platt Gordon （2013）, "BRIG Countries Will Lead DR Issuance In 2013", Global Finance, Mar 2013, Vol. 27 Issue 3.

［113］ Perotti （2004）, "The European Union: A Politically Incorrect View", Harvard Business Review.

［114］ Philip R. Lane （2012）, "The European Sovereign Debt Crisis", Journal of Economic Perspectives – Volume 26, Number 3, Summer 2012: pp. 49 – 68.

［115］ Page （2012）, "Environmental protection and economic efficiency". http://www. neb-one. gc. ca/clf-nsi/rpblctn/rprt/dprtmntl-prfrmncrprt/2012 – 2013/dpr_rmr01_2012_2013 – eng. html.

［116］ Rosenbaum & Stephen Mark （2012）, "U Southern Denmark", Journal of Development Studies, November 2012, v. 48, Iss. 11: pp. 1683 – 1697.

［117］ Rapaccini Mario et al. （2013）, "Service development in product-service systems: a maturity model", The Service Industries Journal, Vol. 33, No. 3 – 4: pp. 300 – 319, ISSN: 0264 – 2069.

［118］ Raul Gouvea, Raj V. Mahto & M. J. R. Montoya. （2013）, "BRIC national export performance portfolio approach", Journal of Chinese Economic and Business Studies.

［119］ Ravn M. & H. Uhling （2012）, "On Adusting the HP – Filter forthe Frequency of Observations", Review of Economics and Statistics.

［120］ Richard W. Evans et al. （2012）, "Game Over: Simulating Unsustainable Fiscal Policy", NBER Working Paper No. 17917.

［121］ Roy Andrew Partain （2012）, "Environmental Laws for New and Renewable Energy Could Increase Greenhouse Gas Emissions",

Chungnam Law Review, Vol. 23, No. 1, June 2012.

[122] Rahmatallah Poudineh & Tooraj Jamasb (2012), "Smart Grids and Energy Trilemma of Affordability, Reliability and Sustainability: The Inevitable Paradigm Shift in Power", USAEE Working Paper No. 2111643, July 17.

[123] Roy Andrew Partain (2012), "Korea's Green Energy Laws and Methane Hydrates", Journal of Law and Policy Research, June 2012. Vol. 12. No. 2.

[124] Reichelstein Stefan & Yorston Michael (2012), "The Prospects for Cost Competitive Solar PV Power", Journal of Industrial Ecology, 2012. 10.

[125] Rosenbaum & Stephen Mark (2012), "Safeguarding Common – Pool Resources in Transition Economies: Experimental Evidence from Central Asia", Journal of Development Studies, November 2012, v. 48, iss. 11, pp. 1683 – 1697.

[126] Regis Bonelli and Armando Castelar Pinheiro (2006), "New Export Activities in Brazil: Comparative Advantage, Policy or Self – Discovery?", Research Proposal for the Project-the emergency of new successful export activities in Latin America sponsored by IADB's Latin American research, March.

[127] Shawkat Hammoudeh et al (2012), "The dynamics of BRICS's country risk ratings and domestic stock markets, U. S. stock market and oil price", SciVerse Science Direct 2012 1.

[128] Spechler Martin C. (2012), "The Economies of Central Asia: A Survey", Comparative Economic Studies: P. 30.

[129] Spechler Martin C. (2012), "Central Asia on the Edge of Globalization", Challenge: pp. 62 – 63.

[130] Spechler Martin C. (2010a), "Hunting for the Central Asian Tiger", Comparative Economic Studies, No. 3, 2010a: pp. 101 –

120.

[131] Spechler Martin C. (2010b), "Uzbekistan: The Silkroad to Nowhere?", Contemporary Economic Policy, 2010b: pp. 295 – 303.

[132] Sutirtho Nandi. (2012), "Comparative Analysis of Foreign Direct Investment Trends in Emerging Economies", Social and Behavioral Sciences, Vol. 37: pp. 230 – 240.

[133] Sebastian Edwards (2012), "Understanding the Fiscal Cliff and its Implications", NBER Working Paper.

[134] Shiyu Li & Shuang lin (2011), "The size and structure of China's government debt", The Social Science Journal, Volume 48, Issue 3, September 2011.

[135] Sengupta Jatikumar, "India's economic growth". Published by Gordonsville.

[136] Toner William, "Urban Growth: Management through Development Timing", Growth & Change, Jan12, v. 8, iss. 1.

[137] Thilo Grau, Molin Huo & Karsten Neuhoff (2012), "Survey of photovoltaic industry and policy in Germany and China", Energy Policy, December 2012.

[138] Tung Liu & Kui – Wai Li (2012), "Analyzing China's productivity growth: Evidence from manufacturing industries", Economic Systems, Vol. 36, No. 4, 2012: pp. 531 – 551.

[139] Uma Outka (2012), "Environmental Law and Fossil Fuels: Barriers to Renewable Energy", Vanderbilt Law Review, Vol. 65, No. 6, August 15: pp. 1679 – 2012.

[140] Von Hagen (2012), "Electoral Institutions, Cabinet Negotiations, and Budget Deficits in the European Union", NBER Working Paper, No. w6341.

[141] Vinokurov Evgeny (2012), "evidence from the EU", Multinational Business Review.

[142] Van Agtmael Antoine (2012), "Think Again: The BRICS Foreign Policy", Nov, Issue 196, pp. 76 – 79.

[143] Viorica Chirila & Ciprian Chirila (2012), "Testing business cycles asymmetry in Central and Eastern European countries", Modern economy. – Irvine, Calif. : Scientific Research Publishing, ISSN, Vol. 3, 6, pp. 713 – 717.

[144] Veklich & N. Shlapak (2012), "Environmentally adjusted GDP as an indicator of economic development", Studies on Russian Economic Development.

[145] William R. Cline (2012), "Restoring Fiscal Equilibrium in the United States", Peterson Institute for International Economics Paper, 2012 (6).

[146] Willem Buiter (2012), "Is the Eurozone at Risk of turning into the Rouble Zone", Global Economics View: pp. 9 – 12.

[147] World Bank (2012), "World Development Indicators. ", World Bank, Accessed April 10, http: //data. worldbank. org/data-catalog/world-development-indicators.

[148] Wei Shen. (2012), "International Journal of Business and Management", The Neglected Fluidity Control tool: Short-term National Debt. Chinese Economy, January – February 2012: pp. 46 – 73.

[149] Wai – Choi Lee. "A Study of the Causal Relationship between Real Exchange Rate of Renminbi and Hong Kong Stock Market Index", Department of Economics and Finance, Hang Seng Management College, 11/ 255, 2012, pp. 24.

[150] Xianquan Wang & Qinliang Fan (2012), "Research on the Early – Warning System of Risks in Local Government Debt" Journal of computers, Vol. 7, No. 4, 2012.

[151] Xiaodong Xie et al (2013), "A Model for Urban Environment and Resource Planning Based on Green GDP Accounting System",

Mathematical Problems in Engineering.

［152］ Yang Li et al （2012）, "A comparison of disciplinary structure in science between the G7 and the BRIC countries by bibliometric methods", Scientometrics, Nov2012, Vol. 93 Issue 2: pp. 497 – 516.

［153］ Yan Liang （2012）, "Global Imbalances and Financial Crisis: Financial Globalization as a Common Cause", Journal of ecomic issues, Vol. XLVI No. 2, 2012 （6）.

［154］ Yan Liang （2012）, "Global Imbalances as Root Cause of Global Financial Crisis : A Critical Analysis", Journal of Economic Issues.

［155］ Yan Bin & Li Quan （2012）, "Construction Financing Problem of Local Government in China", Physics Procedia, Volume 24.

［156］ Zeno Enders, Philip Jung & Gernot J. Muller （2012）, "Has the Euro changed the business cycle?", IDEA.